地域包括ケア時代の
医療・福祉経営

「チイキ映え」する活動はいかが?

編著
長渕晃二・上村久子・片岡侑史

IAP 出版

はじめに

　「チイキ映え」。地域にある宝が持ち腐れにならないよう、お互いの役割が十分に発揮できるよう、私たちは本書を作成しました。医療・福祉の機関・施設は地域の中でたいへん貴重な資源であり、機関・施設と住民・団体や大学・企業との連携が進むことを願っています。

　診療報酬・介護報酬のダブル改定や地域包括ケアの推進ほか、近年の医療・福祉施策の動向は、地域に根差した医療機関・福祉施設づくりを指向してきています。しかし、たとえば地域の住民・団体や大学・企業との連携による人材（ボランティア含む）の確保・活用や患者・利用者の確保の具体的なノウハウを持つ事業所は多くはありません。

　本書では、第1部で、各地のユニークな事例の紹介とともに、医療・福祉と地域の未来を構想・考察していきます。事例については後述のように「その事例から何を学べるか」について、あらかじめ一覧表にして示し、読者が学びたい部分を選べるようにしました。

　第2部では、医療・福祉の機関・施設によるまちづくりのノウハウについて、課題、対談、演習を取り入れています。読者の皆様が「チイキ映え」に向けてヒントを得られれば幸いです。

目　次

はじめに

第1部　知れば知るほどワクワクのまちづくり

第1章　まちづくりおもしろ事例　〜そこから何を学べるか〜 …… 3
はじめに　各事例のポイント一覧
1. 成功と失敗、2つの事例から考える地域との関わり方
   　　　　　　　　　　　　　　　　　　　　　　　　秋山いつき
2. 社会的な居場所づくりのお手伝い　　花里まどか・金田ゆうじ
3. 団地のミニ施設からの村づくり
   　　　　　　　　　　　　　菅原健介・柳下将徳・大内由美
4. 作業療法士によるまちづくり実践　　　　　　　　大郷和成
5. おもちゃでまちづくり　〜「やりたい」から介護予防へ〜
   　　　　　　　　　　　　　　　　　　　　　　　　原田和巳
6. アートでまちづくり　　　　　　　　　　　　　藤村香菜子
7. 一杯のコーヒーから始まる町つくり　　　　　　　野間康彰
8. 子供も参加・防災活動を広げる　　　　　　　　　川島勇我

第2章　なぜ今地域づくりか？　上村久子 ……………………… 21
1. 地域の未来と地域づくりの必要性
   　〜なぜ地域づくりが面白く出来たのか〜
2. 診療報酬・介護報酬ダブル改定や地域包括ケアとまちづくり
3. 多様な地域づくりから学ぶ可能性

第3章　在宅医が考える地域づくりの必要性　片岡侑史 ………… 31

第2部　まちづくりのノウハウ　　　　　　　　長渕晃二

第1章　まずは多忙さを見直す　～地域と関わる前に～ ………… 43
　1　社会資源徹底活用論　～一人でがんばらない～
　2　まず恩を売る資源活用論　～でも最初はがんばる～
　3　提案実現論　～忙しい職場の中で提案を通す～
　4　人脈・情報重要性論　～人脈・情報をつかみ頼られる存在に～
　5　業務リストラ論　～自分の業務計画でスクラップ＆ビルド～
　6　利用者価値論
　　　～利用者が「必要とされている」と実感できるよう～
　7　母体組織内部利用論　～「自分も利用者」という発想～
　8　裏団体活用論　～職場だけに期待しない～

第2章　利用者中心の発想 …………………………………………… 71
　1　利用者資源化論　～利用者だからこそできること～
　2　自分流人生計画策定論　～生涯青春プランでより良い人生を～
　3　一利用者・一福祉活動計画策定論
　　　～一人ひとりが地域の主人公～
　4　一利用者・一支援団体組織化論
　　　～一人に一つの支援サークルを～

第3章　出向く支援＆包括的な支援　～問題・資源把握のために～　85
　1　勧誘ボランティア活用論　～利用者のお誘い力を活かす～
　2　まず恩を買う介入論　～借りを作ってお返し機会を～
　3　段階的利用促進論
　　　～利用に対する心理的抵抗感を軽くする～
　4　地域関係把握・継続活用論
　　　～人間関係をうまくつかんで活用～
　5　孫・ひ孫把握・活用論　～意外な足元の資源～

第4章　社会資源の把握・活用の極意 ……………………………… 95
　　1　大学等活用論　〜まさに宝庫の教育機関〜
　　2　老人クラブ活用論　〜地元人材とそのつながり〜
　　3　ボランティアセンター活用論　〜PR効果も含めて〜
　　4　地区社協活用論　〜ここで認知される強みとは〜
　　5　イベント活用論　〜きっかけとしてのイベントから展開を〜
　　6　講座活用論　〜サークルづくりの常套手段〜
　　7　地域商店活用論　〜協力店構想を〜

第5章　職場のレベルアップと地域からの評価 ……………………… 113
　　1　拠点別地域活動計画論　〜地域ならではの計画を〜
　　2　計画・記録・評価論　〜効率よく専門性づくり〜
　　3　実践PR論　〜広報からわがまちの誇りへ〜

あとがき

第1部

知れば知るほどワクワクのまちづくり

第1章　まちづくりおもしろ事例　～そこから何を学べるか～

【地域づくりのお悩みや知りたいポイントから事例を検索！】

事例	人			金品		サービス	場	知恵		その他
	組織	人材	顧客	財源	物品・産品	支援内容	土地・拠点	知識・情報	アイデア	
1 成功と失敗、2つの事例から考える地域との関わり方	◎	○		○			○	○		失敗例もあること
2 社会的な居場所づくりのお手伝い	○	◎	○	○		◎	○			
3 団地のミニ施設からの村づくり	○	◎	○				○	○	○	
4 作業療法士によるまちづくり実践	○	◎		○		◎	○			
5 おもちゃでまちづくり～「やりたい」から介護予防へ～	○	○	○			○			◎	
6 アートでまちづくり	◎									
7 一杯のコーヒーから始まる町つくり	◎						◎			
8 子供も参加・防災活動を広げる	○	○	○	◎	○	○	○			

事例	しる・つかむ		しらせる・さそう		はなしあう・きめる		うごく・うごかす			ふりかえる・ひろめる	
	地域性・問題の把握	社会資源の把握	広報・啓発	関係者の招集	会議体の組織化	合意形成・計画化	活動団体の組織化・支援	社会資源の改善・開発	交渉・運動	事後評価・記録	他への波及
1 成功と失敗、2つの事例から考える地域との関わり方	○	○				○		○			
2 社会的な居場所づくりのお手伝い	○	○					○	○			
3 団地のミニ施設からの村づくり	○	○		○			○	○	○		
4 作業療法士によるまちづくり実践	○	○									
5 おもちゃでまちづくり～「やりたい」から介護予防へ～	○	○									
6 アートでまちづくり	○						○				
7 一杯のコーヒーから始まる町つくり	○	○	○	◎				○			
8 子供も参加・防災活動を広げる	○	◎	◎	○	◎	○	○	○	○	◎	◎

成功と失敗、2つの事例から考える地域との関わり方

秋山いつき…京都大学公共政策大学院修了。大学院時代に被災地の地域経済を研究。卒業後、五星パブリックマネジメント研究所の特任研究員として自治体のPFI事業に携わる。現在は伝統工芸の職人の継ぎ手サイトを運営。共著『災害の時代に立ち向かう』（自治体研究社）

1．よそ者として関わった2つの地域づくり

　大学院時代に復興支援で通っていた宮城県気仙沼市は、多くのボランティアが地域に訪れていましたが、ほとんどの人が気仙沼に縁もゆかりもない人でした。しかし、みな地域の人と家族のように親しくなり、まるで自分の地元のように気仙沼での活動に熱心に取り組んでいました。その姿勢に地域の人も心を打たれ、ボランティアの人が活動しやすいよう場をセッティングしてくれたり、自治体に交渉したりしていました。やはり、地域によそ者が入る際にはその地域の人との信頼関係を深くすることが重要なのだと身をもって感じました。

　一方、私は以前とある自治体が主催するビジネスコンテストに受賞し、地域の未活用資源を用いた商品開発などを行う事業を進めていました。しかし、コンテスト後、自治体のトップが替わり、それまでの事業をすべて白紙にされる事態に遭遇しました。私だけでなく他の大手企業もちゃぶ台返しのように事業を白紙にされていたのです。私や他の企業がよそ者であったため、資源をよそ者に取られると思ったのか、その真意は分かりません。しかし、私自身地域に関わる際に地域の人とのつながりをしっかり作っていなかった点も反省すべきところでした。そもそも私がビジネスコンテストに応募したのは、自治体サイド（当コンテストの運営を受託している民間企業）から紹介されたのがきっかけでした。それまでその地域で何か活動していたり、知り合いがいたというわけでもありません。また、コンテスト受賞後、地域の方が何人か事業資金目当てにすり寄ってきたこともあり、私自身警戒心を持ってしまっていました。事業は上記の民間企業のサポートを受けて行うというのがコンテストの趣旨だったので、私はその自治体サイドの民間企業に地域での人脈づくりなどまで頼ってしまっていたのですが、自治体のトップが替わったことでその民間企業も契約を打ち切りに。ろくに地域の人とつながりを持っていなかった私は途方に暮れてしまいました。その後、地域の方とのつながりを持つこともできましたが、この地域で事業を頑張るまでのモチベーションは沸き上がりませんでした。気仙沼の時のように家族とも思える人とのつながりを持っていればきっと何か変わっていたでしょう。この時の私は、自治体サイドとどう付き合うかしか頭になかったのです。

２．結果を左右した地域とのつながり

　地域と関わる際に誰とパイプを強固に築いておくかはとても重要です。地域のキーマンは自治体のトップではなく、もしかしたら地域の喫茶店のマスターかもしれません。地域のトップは自治体にあらず。そこに生きる地域の人々である。地域に入る際に向き合う相手は誰かをきちんと考えることが、重要なのだと思います。

【コメント】（上村久子）

　地域づくりは人づくり。当然のことながら自治体のトップが動くだけでは地域住民は動いてくれませんし、地域住民だけが頑張ったとしても限界があります。地域活性化を促すための人とのつながりを学ぶことができる具体例ですね。どのような人とつながるか、という点については「何のための地域づくりか」という出発点と「この地域の未来像」というゴールを活動する人たちで共有することが大切です。

社会的な居場所づくりのお手伝い（インタビューを元に上村久子が執筆）

金田ゆうじ…株式会社 F.T.K 代表取締役会長、NPO 法人 SCOOP 理事、NPO 法人ココロまち副理事長。プロドラマー。DW、PAISTE、PRO MARK のエンドーサー。いきものがかり、K、Sexy Zone、SUPER ☆ GIRLS、吉田山田らのレコーディングやライブ、またピンクレディー 2005 年再結成ツアーに参加。高機能自閉症・アスペルガー症候群を公表。

花里まどか…株式会社 F.T.K 代表取締役社長。中学 1 年生から不登校、引きこもりの生活を送る。家庭内、学校内に居場所がないのなら、社会に居場所を作ればいいというアドバイスから、起業に至る。2018 年 1 月現在、18 歳。通信制大学で経営福祉を学んでいる。

1．起業の必要性「支援は待つのではなく、探し出すこと」

　会社の起業は金田さんのゲートキーパー※活動の中で「この活動はアウトリーチにより行われる」という気づきに遡ります。役所や病院などの公的機関、NPO 法人の多くが「困ったことがあったら来てください」と「待ち」の姿勢であり、支援される側を探さなければ支援にたどり着くことができません。しかし、支援が必要な人の多くが助けをどこにどう求めたら良いか分からないために支援にたどり着いておらず、支援する側が「探し出す」必要があることに気が付いたのです。NPO 法人では収益事業の難しさと、助成金を活用するにしても用途が限られていることから、思うような「探し出す」活動ができないため、様々な支援を柔軟に対応できるよう 2015 年に株式会社 F.T.K を立ち上げました。

※自殺の危険を示すサインに気づき、適切な対応（悩んでいる人に気づき、声をかけ、話を聞いて、必要な支援につなげ、見守る）を図ることができる人のことで、言わば「命の門番」とも位置づけられる人のこと。

2．起業時、現役高校生が社長になった F.T.K

　会社名の F.T.K は「不登校」のローマ字表記 FUTOKO が由来の一つです（他、Future、Technical、Kindness の頭文字でも）。不登校だった花里さんはフリースペースで金田さんに出会いました。金田さんは「思春期は環境次第でとことん悪くなってしまう。自己承認欲求が一番膨らむ時期に悪い仲間に認めてもらって転落するよりも、社会に認められる方が良い」と当時を振り返ります。現在、花里さんは日常会話の中で「今後若者の就労支援をしていきたい」と語るなど、F.T.K で積極的に学び、活躍の場を広げています。

3．ゼロから1にするために自分たちができることを何でもやる

　F.T.Kの使命は、生きるベースに届いていない人を引き上げる、死なせない、ゼロ（命がなくなるということ）に近い状態から1にするために必要なことを、時間や場所などあらゆる事情を問わず柔軟に対応しています。事業資金はレストラン「菜根や」や民間企業からの資金調達で賄われています。

　支援が必要な人の探し方は主に地道な「口コミ」。対象年齢は10代から40代が主で、一番上で70代。性別は男性が多い。個人を取り巻く環境としては母子家庭や独居の高齢者、DV被害に遭われた人や犯罪歴のある人、生活保護受給者や精神疾患罹患者まで色々な事情の人がいます。

4．F.T.Kが考えるコミュニティづくり「親切にはテクニックが必要」

　「地域づくり」「コミュニティづくり」と近年言われますが、コミュニティへの近づき方やコミュニティ自体を知らない人が多いことに気づいて欲しいとF.T.Kは強く訴えます。地域づくりに関わりたいと考えている人には、コミュニティに届かない人と一緒に悩んで苦しんで支援の方法を学んで欲しいと思います。よく「ありのままで良いよ」と言う支援者がいますが、支援する側が公私の区別をすることによってありのままでないことが多いのです。自分たちがありのままの姿になって心を寄せることで信頼関係が築けます。支援の手が支えではなくて押し返してしまうことのない世の中になればと願っています。

株式会社F.T.K：裁判の情状証人、自殺予防、生活保護や永住権、障害者手帳の申請サポート、引きこもり・不登校支援、障害・高齢者の通院・見守りサポート、など。
http://ftk-totalsupport.com/

【コメント】（上村久子）
　人とのつながりにより支援の輪を広げるとともに事業形態としてNPO法人ではなく株式会社にしたことで柔軟な活動ができています。人とのつながりを軽視せず、自然な信頼関係を地道に形成しながら、事業継続のために必要な資金を自ら工面し、自分たちの活動を伝えて賛同者を募るビジネスモデルを構築したことが、この事例から学ぶポイントです。

団地のミニ施設からの村づくり

菅原健介…理学療法士。株式会社ぐるんとびー代表取締役。中学高校をデンマークで過ごす。大学卒業後広告代理店で勤務。その後理学療法士の学校を卒業し、病院の理学療法士、キャンナスグループの東日本大震災現地ボランティアコーディネーター、小規模多機能ホーム絆管理者を歴任。多業種の交流会「湘南きずな」代表。

2015年の夏に、藤沢市に小規模多機能型居宅介護ぐるんとびー駒寄を開所しました。かつての東日本大震災現地でのボランティアコーディネート経験や、マンションの一室を利用しての小規模多機能ホームでの経験から、UR団地6階の1室を利用し「コーディネートできる拠点」を作ろうと考えたのです。

小さな拠点でも、出向いて「本人のやりたいこと」を支援することで、生活に楽しみが生まれ、目が輝いて元気になり、元気になるとさらに目標が出てきます。その際に、専門職がなんでも支援するのではなく、本人・家族・地域に対し「つながることを下支えすること」を大切にしています。

できるだけ「近所の人に相談」し、可能な範囲での支援に協力いただくこともあります。また、利用者が同じ団地に転居してくることもあり、新たな近隣関係づくりも支援しています。職員が同じ団地に転居することも奨励しており、中には自治会役員になる人もいます。

ぐるんとびーには、子どもたちが遊びに来たり、職員が赤ちゃん連れで来るなど、ごく自然な世代間交流も生まれています。1階の集会所や他の公共施設では、地域の方々も参加しての学習会、音楽会、健康相談、マルシェなど、イベントも増えてきています。

ぐるんとびーのスタッフには、介護職のほか理学療法士、作業療法士、看護師もそれぞれ複数おり、2017年11月からは訪問看護事業も始めます。

小規模多機能ならではの柔軟さを活かし、地域の住民・団体・施設との連携もしつつ「以前通っていたプールへ行きたい」「タカラヅカを観たい」「フラダンスのサークルにまた行きたい」「卓球したい」など、やりたいことを叶えていくことで、介護度の軽減や、団地での「村づくり」に貢献していきたいと願っています。

【他のスタッフの声】

柳下将徳（看護師）

ホームやまちのイベントでの住民との接し方として、あえて看護師であることを表に出さず、会話の中から健康面などの話題を引き出しています。あまり専門性を前面に出さないホームならではの地域への溶け込み方です。もちろん医療機関との

連携では、専門的なやりとりをします。

大内由美（介護職）
　近所に住んでいます。開設当初から、非常勤で週の半分を働いています。つまり週の半分は地域活動に参加しており、これは常勤だとなかなかできないと思います。子どもを通じての活動やまちづくり活動など、ホームとのつなぎ役が自然に増えてきています。

【コメント】（長渕晃二）
　19世紀から20世紀にかけ、欧米や日本では、貧困地域に慈善活動家が入り、隣人として支援活動を展開したセツルメントが広がりましたが、ぐるんとびーの活動はセツルメント的な面だけでなく、利用者も団地に呼び寄せ、団地の再生に寄与しています。多業種の交流会で培った業種人脈、スタッフが持っている地元人脈も活かしており、医療機関・福祉施設が地域とのつながりを作る際に参考となります。

作業療法士によるまちづくり実践

大郷和成…作業療法士。新戸塚病院副技士長を経て、現在NPO法人 laule'a(ラウレア)副理事長、作業療法による健康を考える会代表、かながわ促通反復療法連絡会代表、日本青年国際交流機構運営委員、神奈川県作業療法士会理事。2013年内閣府青年社会活動コアリーダー育成プログラムニュージーランド派遣団参加。湘南きずな、共生フォーラム in 鎌倉、かながわ脳トレ教室、湘南リハケア、鎌倉バリアフリービーチに携わる。

1 遊びリパーク lino'a での実践とまちづくり

　私が所属するNPO法人 laule'a（2015年設立）は、神奈川県藤沢市内の団地1階の元スーパーマーケットだった約200㎡のフロアを活用し、放課後などにデイサービス事業と児童発達支援事業「遊びリパーク lino'a」を展開しています。当法人の横川理事長が、以前は別のNPOで就労支援や高齢者支援に携わり、当時から肢体不自由児父母の会との交流の中で、ぜひとも肢体不自由児や重症心身障がい児が通える場を、と望んで開所に至っています。

　lino'a では、放課後になる前の時間、地域向けにヨガやフィットネスダンスの教室として開放しています。参加者の多くは、前後に掃除や子どもたちへの絵本の読み聞かせ、見守りなどに協力しています。

　障がい児と健常児が一つの空間でともに遊ぶことは、lino'a の大きな特徴です。健常児の多くはスタッフの子ども。lino'a では働くことが難しい子育て世代を「子連れOK」の条件で積極的に雇用しています。子どもたちは、たまに学校の友達を連れてきて障がい児と一緒に遊び、車椅子や食事の介助などを積極的に手伝っています。

　健常児は学校や習い事を通して様々なことを学びますが、障がい児はそのような機会が少ないため、lino'a では地域の方々や社会団体と協働で社会体験の場を提供し、各自の興味・関心を刺激し、「自己選択」「自己決定」「自己実現」できるように取り組んでいます。

　フィットネスダンス参加者の提案で実現したマルシェは、より多くの人に lino'a を知ってもらい、さらには障がい児の就労体験の場としても活用されました。企画・運営は地域のママたちで、地域に根差した活動を目指しました。当日は100名を超す参加があり、lino'a の子どもはコーヒーショップを担当。お客様に提供するコーヒーを淹れる表情は真剣そのもので、「働くこと」のイメージを体験できました。

　青少年育成団体と国際交流団体の協働によるユニバーサルキャンプ（2016年）には、59名（小中学生23名）が参加し、中には車椅子や人工呼吸器の重症児も。いつもと違う場所で出会った仲間どうし、お互いのペースを大切にし、今までにない新たなチャレンジに取り組みました。他団体との連携により新たな可能性が広がり

ました。

2　作業療法士とまちづくり

　人・作業・環境をコーディネートして、その人らしい人生を送れるように援助できるのが作業療法士の強みです。「コミュニケーション」「ライフスタイル」「コミュニティ」をデザインできる職業とも言えます。

　私は現在、障がい児支援とともに、大手企業と連携したヘルスケアビジネスの創出に関わっています。そこで役立つのは、作業療法士の視点、コーディネート力、デザイン力です。病院や施設の中ではなかなか実感できないことが、職場外、特に異業種と接点を持つと色々と見えてきます。

　作業療法士として「できること」から考えるのではなく、地域や社会から「求められていること」から考えることで、今までにない活躍の場が広がっていきます。これからの時代は「専門力」だけでなく「総合力」が求められ、新しい発想や社会資源をつなげる力が必要になってくるでしょう。

【コメント】（長渕晃二）
　この実践から学べる点は、①専門職や地域の枠にこだわらない、②関係性をもとに住民のニーズが入るようにする、③子どもや地域の人の主体性を引き出す、④さらに新たなチャレンジを試みる、⑤一つの活動が次の活動のステップとなる、⑥そこからさらに社会資源がつかめアイデアが生まれる、といった点です。様々な活動の経験と人脈を活かした実践が、それぞれの相乗効果を生んでいます。

おもちゃでまちづくり　～「やりたい」から介護予防へ～

原田和巳…理学療法士、おもちゃインストラクター、アクティビティインストラクター。サービス付き高齢者向け住宅での認知症予防教室で海外のボードゲームを使い、参加者の心と体を動かす「健幸を呼ぼう」に取り組む。

1　はじめに

　高齢者が真剣な眼差しで時間を忘れるほど夢中に…。通常の機能訓練時の表情とは違う顔つきです。自ら楽しんでいる時の表情は輝き、遊ぶ際の身のこなしは勢いと力に溢れ、心の輝きを写し出しているかのようです。

　ある男性から「おもちゃは子どものものだと思った。大人も遊んでいいんだ」との感想が。職員から「ある女性はデイサービスには行きたがらないのに、この教室には毎回参加している」という話が。高齢者がおもちゃを使って主体的に楽しむ姿を見ると、おもちゃには子どもだけでなく高齢者の心も体も躍動させ、周囲との関係を強め、次回を心待ちにさせる魅力があることに気が付きます。

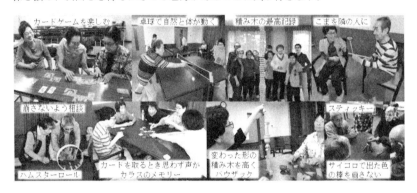

2　介護予防におけるおもちゃの役割

　介護予防では運動機能、栄養、口腔機能、認知機能などの個々の機能の改善だけでなく、「動く」「食べる」「新しい刺激を求める」が重要です。人は、体が動くと心が動き、心が動くと体が動きます。ともに楽しみ信頼関係を築いた参加者たちは、お出かけをして一緒に食事をしたり、自ら役割を決めサークルを立ち上げたこともありました。専門職が提供するだけでなく、参加者が主体的に動き「生きがい」が生まれるということを教わりました。

おもちゃの活用には、身体を動かす、道具の操作、ルール理解、チャレンジ、教える、負けないための相談や協力、一緒に一喜一憂するなど、参加者同士をつなぐ心の動きに対する働きかけもあります。参加者はその中で役割をみつけ自信を回復させ、他者との信頼関係を築き、結果、主体的な活動が生まれてきます。

3　アナログゲームが豊かな人間関係の形成に

　認知機能低下予防、閉じこもり予防、うつ予防だけでなく、何よりコミュニケーションは高齢者の心の栄養補給になります。「時間」「空間」「仲間」の3つの「間」は豊かな人間関係形成の条件であり、この3つの「間」が豊かになると地域に「世間」という4つ目の「間」が生まれます。この「間」による豊かな人間関係の形成は、自分が一人でないという安心感を与え、なじみになった人とともに過ごす安心感は何にも勝る力となります。

　一例として、ふと覗きに来た認知症の男性に対し、参加者が「一緒にやろう。おいで」と声をかけて席まで誘導し、隣の人がルールを伝え、できない部分をサポートしていました。口数の少ない男性ですが次第に笑顔が見られ、それ以来ゲームが始まる頃になると覗きに来て、声を掛けると一緒にゲームを楽しむようになりました。

　情動の記憶は加齢で損なわれることはなく、おもちゃはその豊かな感情を再び体に注ぎ込み、体と心を躍動させます。自分と自分、自分と他者を結び、「生きがい」へとつながるきっかけになればと思います。

【コメント】（長渕晃二）

　要点としては、①既存の理学療法の枠にとらわれない、②アナログのおもちゃなど高齢者になじみやすいツールを使用、③専門職と参加者との関係だけでなく参加者の相互作用を尊重し主体性を引き出す、が挙げられます。

アートでまちづくり

藤村香菜子…京都市立芸術大学工芸科染織専攻卒。アートスペースあけぼの代表。わざどころ
PON(ものづくりのまち推進会)代表。京都府南丹市地域おこし協力隊事務局代表。
京都丹波ウエディングプロジェクト事務局代表。

「人がそれぞれ持っている得意技を活かしあえる世の中にしたい」。そんな思いで、南丹地域に息づく、暮らしに身近な知恵や工芸作品など「地域の技」が集まる店を運営しています。生活工芸品の販売、ものづくり教室の開催、チラシやウェブサイト、パッケージなど発信ツールの作成、移住者の住まいや工房を探す案内役などです。草木染や裂き織りの講師もしています。

在学中から人の作品を集めては、百貨店の一角や商店街などを借りて展示販売会をし始めました。卒業後はブライダル企業の社内デザイナーとして経験を積み、また、グラフィックデザインや芸術イベントを企画運営する「アートスペースあけぼの」を立ち上げ、まちづくり系NPOなどのデザインの仕事も請け負いました。

そんな中、南丹市地域おこし協力隊の募集を知りました。名古屋の実家周辺は、お金を払うと大抵のものが手に入る繁華街でしたが、南丹市では、お金を使わなくても住民どうしが仕事や趣味など、それぞれが得意とする「技」を活かし支え合っており感銘を受けました。「ものづくりのまち」を掲げ、工芸作家などが多く移住していることも知り、「何か役に立ちたい」と協力隊に入りました。

しかし、実際に住んでみると、生活の知恵や工芸など、魅力的な技が脈々と受け継がれ育っている一方で、その価値に住民があまり気づかず、人口減少にあきらめムードのようなものが漂う雰囲気も感じ、残念に思うこともあります。

そこで、ものづくりの技に出会える扉がポンとひらく場所「わざどころPON」を、2017年2月に八木町の空き家を改修してつくりました。南丹市工芸家協会や自治会の力を借り、資金はウェブ上で集めました。今では地元で作られたものを知り、手に入れられる場所、南丹でものづくりしたい人の窓口になっています。

何かあった時に助け合い、無から有を作れる環境は、都会よりも地方にあります。暮らしに身近なところで育ってきた「つくる技＝生きる技」が、都市部では生活から離れすぎていると感じます。

わざどころPONの運営や、デザインの仕事を通じ、暮らしの中にある「技」の価値や魅力を引き出して、人と人とをつなぎ、住みよいコミュニティを作る一助になりたいと夢見ています。

【コメント】（長渕晃二）

　医療・福祉事業所にとって、この実践から学べることは、①地域に人材がいても本人に発信力がないため、そうした人材の把握・発掘が必要なことも、②人材を活かせるリーダーや拠点と連携できると良い、③アート系との連携は要介護の方の役割を見出せる可能性がある、④地方には移住者も含めコミュニティづくりの可能性がある、などを挙げることができます。

第1部　知れば知るほどワクワクのまちづくり

一杯のコーヒーから始まる町つくり

野間康彰…介護支援専門員・介護福祉士。ゆらり大和（小規模多機能・グループホーム）施設長を経てハートピット株式会社取締役を兼任。2017年6月にコミュニティカフェ「あかり食堂」、同9月に「はあと訪問看護ステーション」開設。認知症になっても安心して暮らせる町を目指し全国をたすきでつなぐイベント「RUN 伴」の大和エリア実行委員顧問。

　社会課題としての「高齢者介護」ですが、介護をする・されるという関係で捉え施設で抱え込んでしまうと、個人の生活の幅が狭まるだけでなく、介護士不足の問題に直面します。また、要介護という状況でも、周囲の理解や支えや手伝いや居場所があれば、住み慣れた場所で暮らし続けられる可能性があると感じています。そのため「ゆらり大和」では地域との交流を目的に、年間を通じたイベントを行いました。ゆらり祭り、流しそうめん、ハロウィン、餅つき、という季節ごとのイベントの他に多世間交流イベントを行うことで、地域との交流は広がっていきました。
　その中で子育て世代の方々から、市内で「子連れで行ける場所が少ない」「あったとしても安心して食事をできる場所がない」「行政のイベントは平日で参加できない」などの子育ての悩みも聞く機会があり、「子育てと介護」の共通テーマは「孤立」だと感じました。そこで縦割りでない居場所を作ろうと「大和にコミュニティカフェを作る会」を立ち上げ、会議やモデル事業「いちにち食堂」を経て、1年後に南林間の商店街の一角に「あかり食堂」を開店。併設施設としてではなく「町の中」につくることで垣根をなくし、食事だけでも立ち寄れる雰囲気づくりを心がけました。訪問看護ステーションも併設し、子育てから人生のラストまで互いに見知った関係で支え合うプロジェクトを進め、今後はリハビリや介護なども組み合わせ、安心して最期まで暮らせる「家 ie」を市内に作ることが目標です。
　あかり食堂は広いトイレやバリアフリーな環境の中で、一人ひとりに合わせて時間やメニュー変更など行い、スタッフもお客様と積極的にコミュニケーションを図る、という特徴があります。時にはお客様と一緒に食事したり、お客様が片付けを手伝ったり。また車いすで入りやすいビッグテーブルや子連れでも安心の畳スペース、一人で過ごしやすいカウンター席もあります。食事は手作りのものを中心に、自家製甘酒を使った体に優しいメニューなどもあります。スクリーン・プロジェクターの設備もあり、研修会などで活用できます。地域の方のハンドメイド品販売の小箱ショップコーナーや地域の情報発信の掲示コーナーもあり、コミュニティが広がる環境を作っています。認知症サポーター養成講座や甘酒料理教室の他、レンタルスペースを活用したワークショップ（絵本読み聞かせ、ダンス教室、クラフト教室、

JAZZライブetc）も活発になってきました。これらの活動は、熊本の震災復興支援で現地にて「神奈川に戻ったら地域のつながりを大切に作りなさい」と被災地の方に言われたこともきっかけになっています。これからも皆の居場所を地域の方を巻き込みながら作っていきたいと思っています。

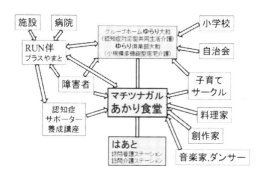

【コメント】（長渕晃二）
　筆者（野間）が医療機関や福祉施設とのつながりが元々豊富なのは、アフターファイブの異業種間交流や福祉・医療職の交流の機会によく参加され、RUN伴の活動に率先して参加してきたことによります。このように1人のキーパーソンの動きが突破口となり地域交流が広がり、さらにシステムとして食堂というキーステーションができたことにより、一気につながりが広がっているところが興味深い点です。

子供も参加・防災活動を広げる

川島勇我…地元湘南で災害時、子ども死者ゼロを目指す、防災エンターテイメント事業ボウサイダー！代表。伊藤忠インタラクティブ株式会社。

　防災活動は、傷病予防活動でもあり、鎌倉ボウサイダーの活動には医療関係者との連携もあります。

　ボウサイダーは、2013年に立ち上げた自主防災地域コミュニティです。「津波災害時、子ども死者ゼロ」を掲げ、子どもたちに「大きな地震が来たら、まずは自らの意志で高いところに逃げる」という自発的な避難行動を平時から教え、「真っ先に逃げる行動力」と、周りも同じように逃げているという「信じる勇気」を持ち、生き残るために最善の行動がとれることを目指しています。

　従来の防災教育は退屈で、参加する子どもたちも準備する大人も楽しくない雰囲気があり、そのためもともと防災意識の高い限られた人たちだけが熱心に関わることになりがちで、資金や人材に悩んだり、住民の危機感不足や風化も手伝って、モチベーション作りに苦心していました。

　そこで、①メッセージの記号化、②募金付き自主収益事業、③協働型エンターテインメントによる啓発、④大人の役割コミュニティ形成、⑤社会的承認PR、の5つの組み合わせを企図し、活動を展開しました。

①メッセージの記号化
　分かりやすく記憶に残りやすいデザインを考案。基調はすべて黄色。黄色を地の色としたロゴマークは、黒の線で表現したヘルメットをシンボルマークに。その下にはやはり黒で「ボウサイダー！」のロゴタイプ。ユニフォームはこのロゴマークとお揃い。そして黄色のヘルメット。

②募金付き自主収益事業
　安定した運営を目指し「鎌倉戦隊ボウ・サイダー！飲料」（300円）を、地元の企業、鎌倉ビール醸造㈱に生産を委託し、湘南地域の雑貨店や飲食店、ECサイトで販売。その収益で防災教育コンテンツ制作を実現。

③協働型エンターテインメントによる啓発
　住民の積極的参加を促すため、教材としてアニメーション動画、4コマ漫画、ボウサイダークイズを制作。また、イベントとして避難訓練付き音楽ライブ、避難訓練付きプロレス興行、防災クイズ大会を開催。

④大人の役割コミュニティ形成

子どもたちが熱心に関与することによる影響力と、子どもたちのためという原点を重視。そこから、大人も参加したくなる、また、より参加しやすくなるような魅力づくりを工夫して実践。以下はその例。
- ボウサイダー体操…子どもたちへの津波発生時の避難意識啓発のため、第1体操：災害前の心構えと逃げる体力の準備、第2体操：緊急災害時の身のこなしと生き延びる知識、第3体操：まず（高所に）逃げる勇気と地域を巻き込む避難法を3分間の体操の中にパッケージ。
- 参加したくなる魅力づくり…この体操の制作では、子ども防災教育研究家、ダンス教育家、音楽家、クリエーター、スポーツ選手、理学療法士、作業療法士など、第一線で活躍する専門家の協力と、彼らとの協働が実現。著名人の力で参加意欲が高まり、メディア関係者も反応。それがさらなる参加の広がりへ。
- より参加しやすくするための人的配置…参加した大人ボランティアにインタビュー。その実績や特性を知ることによって、より活躍できる場を提示・提供。

⑤社会的承認 PR
- ビジネスの場との連携…地元で影響力のある企業や団体（面白法人カヤック、鎌倉ビール醸造㈱、市内の第三セクター）には、応援や寄付という形ではなく、地域活性化ビジネスのパートナーに。
- 専門家による解説・紹介…防災の専門家の協力により正しい防災教育として浸透。また、一流アーティストの協力により、良質なエンターテインメントとしても認知。学術関係者による講演の開催も。
- 社会的メディアへの進出…WEB記事、新聞、地元フリーペーパー、雑誌、ラジオ、TVなど、多数のメディア掲載を実現。活動の社会的意義の確認、関係者の支持の強化、協力者の拡大、全国への波及などの効果が。

以上のような実践を通じて、今後、新たな防災活動が各地に広がり、さらにその防災活動が、医療・福祉職との連携につながることがおおいに期待できるのではないかと思います。

【コメント】（長渕晃二）
　新たな活動を地域で展開したい場合、診療報酬・介護報酬や委託事業など公金による収入だけをあてにしていたり、職員のみによって展開していくのは相当無理がある。この事例から学べる分野は、財源確保、人材確保、専門家・企業との連携、住民参加、イベント、広報など幅広い。また、それらをあらかじめデザインする戦略の重要性を学ぶことができる。

第2章 なぜ今地域づくりか？

上村久子

1 地域の未来と、地域づくりの必要性 〜なぜ地域づくりが面白くできたのか〜

1）地域のつながりが医療機関の経営を左右する時代

　私は主に医療機関の経営改善、人材教育の支援をさせて頂いて10年強経ちました。このたった10年のあいだで時代の変化するスピードはどんどん加速しており、昔の「医療機関は潰れない」という神話は崩壊し、廃業することが異例ではなくなっています。廃業に追い込まれてしまう大きな理由のひとつとして私が感じているのは、地域とのつながりの希薄さです。地域に愛されない病院は、近くにあっても住民が具合が悪くなったときに選ばれず、少し遠くとも評判の良い病院が選ばれます。情報社会の昨今、医療従事者以外でも、病院の評判をはじめ、病気や治療に関する知識が豊富な方が増えており、患者やその家族にとって医療機関は「選ぶ」時代になっています。これは医療機関に限ったことではなく、他の様々な業種にとっても言えることですね。

2）地域に「選ばれる」こととは？

　それでは、「選ばれる」ということについて考えてみましょう。選ばれる要因はいくつか考えられますが、ここでは大きく2つに分けて捉えていきたいと思います。

１．近づきたい：素敵に思えるから、魅力を感じるから
２．近づきやすい：身近な存在だから、親近感があるから

　1つ目の「近づきたい」は、昨今の情報社会を考えると分かりやすいと思います。情報溢れる現代では、選ぶための情報がたくさんあります。私たちは、比べる対象や、選択する具体的な指標や基準がなければ自分にとって有意だと思えませんし、選ぶことができません。そこで、選ばれようとする組織や個人は、具体的な数値で有意性を示したり、視覚的

な表現をしたりすることにより、選ばれるための様々な宣伝を行っています。この場合、選択される側は一方的なアピールになることが多く、基本的に選択は選択する側に委ねられていると言えます。

2つ目の「近づきやすい」は、「顔の見える関係性」が重要になります。顔の見える関係性とは言い換えると信頼や安心感のことです。読者の方も経験されたことがあると思いますが、1つ目の要領で溢れる情報を整理して検討するよりも、身近な人に勧められたもの（いわゆる口コミですね）のほうが、その人に対する信頼があるほど心理的距離間が短くなり、より安心して選択できると思います。1つ目と異なり、この場合には選択する以前に選択される側と選択する側に（直接は知り合わなくとも人を介して知っているなど）緩やかな関係性があることが特徴です。この両者では圧倒的に2つ目の要因のほうが選択者の心理に有意に働きます。ところが、近所づきあいが希薄化し、「隣近所」という言葉が過去のものとなりつつある現代では、実際の距離は近くても「近づきやすい」と感じることが昔に比べて乏しくなり、選ばれる側は、地域に選ばれることがどんどん容易でなくなってきています。

3）「ときめかない」地域づくり

近所づきあいが希薄化しているなか、今、様々な年代の方が、「地域を見直そう！」と声を上げて「地域活性化」という言葉がたくさん聞かれるようにもなってきました。しかし、残念ながらまだ一部にとどまっており、「地域づくりを一緒にやろうよ！」と声をかけても多くの人から良い返事は来ないでしょう。特に若者には、魅力ある誘いとは映らないように思います。その理由を私は「ときめかない」というキーワードで説明したいと思います。

地域づくりは隣近所同士が親密だった時代では、そこで生きていくために必要な知恵でした。今のように情報が溢れているわけではなく、例えば子育てや介護について、その知識や方法を地域のコミュニティで交換する場が「井戸端会議」であり、それはお互いに支え合いながら生活するための知識・知恵の源でもありました。ところが、個が重視される

情報社会では生きる知識・知恵も個別化し、また個人で情報を得られるようになったために近所の人とコミュニケーションがなくても生活ができるようになりました。つまり、「地域活性化」というスローガンだけを掲げても、そこに現代に合う意味がなければ、殊に若者には「ときめかない」ということです。

同様なことが、医療機関が行う地域づくりの例でも言えます。医療機関も「選んで・近づいて」もらおうと色々な活動を行っており、なかには地域住民に向けて「公開講座」などを開いているところがありますね。こういった活動には、健康問題に関心はあるが情報収集のための機械操作に疎い年代の方や、その医療機関にかかっている地域の方は参加するかもしれません。しかし、座して情報収集が可能なインターネットやパソコンに慣れ親しんだ若者や、年配でもそれらの操作に長けている人には、「公開講座」に参加したいというモチベーションにつながりません。

4)「ときめく」地域づくりのキーワードは「気軽」と「楽しそう」

では、現代で求められる地域づくりの意味を考えていきましょう。個が重視される現代では、一人一人のモチベーションも多様化しています。現代の人々は、必ずしも明確な目的や必要があって行動するのではなく、それほどではないけれど、何となく「やってみたい」「面白そう」「成長しそう」という「そこに行くと何か良いことがあって楽しそう、興味を引かれる」といういくばくかの前向きな感情が行動に結びつくことがあり、そこに大きな意味があります。価値観の多様化とは「これこそが良い」と断定できないことです。そこで、まずは地域の人々が、「何となく素敵」という程度に、気軽に、前向きに心が動く、この（私が「ときめき」と表現したい）きっかけを提供する。あとは地域づくりの活動を通じて個人個人が自分にとっての意味を見出せば良いのです。

本書第1部第1章でご紹介した事例が成功した要因は「楽しさ」にあります。地域づくりのきっかけは「これがあったら素敵だな」という発想。次に周りを巻き込む「参加してみたら楽しそうだな」と思わせる取り組

み。そして成功するかどうかは、実行している人たち自身が、いかに心ときめくことを常に探しているか、です。そのことで「楽しい」の連鎖が起こるからです。「楽しい」は笑顔を生み、参加する人の心の壁を取り払い、距離を縮めます。楽しそうに行動している人の周りには、たとえ扱うテーマが深刻でも人が集まってくるのはこのためです。こうして地域づくりに興味がなかった人でも「楽しそうに集う仲間」の一人として気軽に興味を持ち、それがまた一人、二人と増えていけば、地域巻き込み型地域づくりが生まれていくのです。

　もちろん、何をもって地域づくりを行うかという理念や目標は重要です。ただ、そこに固執しすぎてしまい、地域住民の皆さんが気軽に集まりやすい、集まりたいと思うようなときめく環境づくりを忘れてしまうと地域づくりは成立しません。

　必要だからやらざるをえないという受け身型地域づくりから脱却して、もっともっと気軽に「楽しそう」を探す少しだけ前向きな気持ちを持ちましょう！　そして強すぎる繋がりではなく、緩いつながりで。参加するためのハードルはなるべく低くすることです。

2　診療報酬・介護報酬ダブル改定や地域包括ケアとまちづくり

1）地域包括ケアシステムの時代へ

　医療機関における地域づくりは国の政策的な誘導もあり必要に迫られています。約800万人を占める団塊の世代が75歳以上となる2025年に向けて厚生労働省は「地域包括ケアシステム」を掲げています（次頁図）。医療費の高騰と少子高齢化が進む現代において要介護状態となった高齢者が住み慣れた地域で住み続けられるよう地域全体で支えていこうと国が作り上げたモデルです。これに伴い、診療報酬・介護報酬の中でも「地域」という言葉が増えてきました。医療施設が終の棲家になっていた時代から、地域と連携している医療機関や介護施設の評価を引き上げるなど、地域と繋がっていないと収益性が上がらない仕組み（＝家に帰ろう！　在宅医療・介護への誘導）になってきています。

第2章 なぜ今地域づくりか？ 上村久子

出典：平成 25 年 3 月　地域包括ケア研究会報告書より

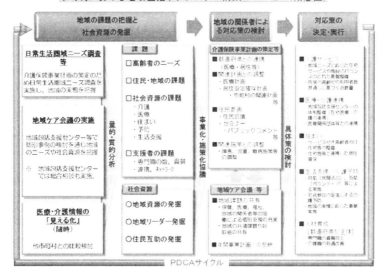

厚労省 URL より：http://www.mhlw.go.jp/stf/seisakunitsuite/bunya/hukushi_kaigo/kaigo_koureisha/chiiki-houkatsu/

2）地域包括ケアシステムで求められる地域と医療機関の在り方

この地域包括ケアシステムの流れから医療機関が果たすべき変化は大きく2点あります。

①医療従事者が行いたい診療ではなく、エビデンス（証拠）に基づいた診療をおこなうこと

②医療従事者が作りたい医療機関ではなく、地域のニーズに則った医療機関になること

医療従事者にとって自分たちが行うことがそのまま診療報酬として認められた時代から、医療費の削減や標準治療の設定、そして医療ニーズに合った病院機能を評価する時代へと制度によって変化してきました。そして、医療機関が在りたい姿を作り出すことで収益を上げていた診療報酬体系から、少子高齢化の流れを受けた地域の将来の人口構造に合わせた病院機能を作り出すことで患者を集め、収益が上がる制度へと変化してきています。①についてはある程度医療機関内で改革を行うことができますが、②については、患者を然るべき機能を持つ医療組織につなぐことも大切な役割になるため、複数の医療機関と地域とのつながりが重要になります。

3）医療機関を取り巻く環境から考える地域と医療機関の在り方

地域包括ケアシステムという国が提案している仕組みから地域づくりの重要性を考えてきたところで、今度は現状医療機関を取り巻く環境から地域と医療機関の在り方を捉えていきましょう。今まさに医療機関にとっての課題は「集患」、読んで字のごとく患者を集めることです。超高齢社会の日本では、急な命の危険は低いけれど寝たきりになってなんらかの介護が必要な状態（慢性期疾患）の患者は増えていますが、緊急性が高かったり手術が必要であったりする状態（急性期疾患）の患者数は頭打ちだと言われており、全国的に急性期病棟の病床稼働率は年々減少しています。これは、少子高齢化はもちろんのこと医療の進化によって在院日数が短縮していることも要因に挙げられます。こうした現状で地域で何が起こるかというと、あまり好きな表現ではありませんが、患

者の「奪い合い」です。これは1つの医療機関だけが躍起になっても解決できる問題ではありません。地域の関係施設が協力し合って患者の紹介・逆紹介を行っていくことは、医療機関にとって安定的な患者確保のために重要なことはもちろんこと、患者にとっても地域で安心して生活するために重要なことです。医療機関によっては、地域ニーズに合わせて病院機能や病床数を見直し、病床再編を行うことが永続的な経営のために必要な判断になります。地域連携ができない、地域の医療ニーズを正しく測って変化できない医療機関や介護施設は淘汰されつつあるのです。

4）医療機関における地域づくり

さて、地域包括ケアシステム時代における医療機関の地域づくりを考えていきましょう。地域に選ばれる医療機関は、地域の他の医療機関や介護施設などの関係機関との連携強化と、地域住民との連携強化の2つの視点から活動を行っています。

関係機関から選ばれる医療機関になるためには、顔の見える関係づくりとして自分の医療機関を離れて積極的に他機関の人たちと会って交流を深める活動が大切です。以前は、医療機関は自分の敷地に腰を据えてあくまで受け身の姿勢で、他医療機関との連携に興味のないところが少なくありませんでした。待っていても患者が絶え間なく来たからです。今は担当した患者を次に安心して任せられる別の医療機関を選んで送る時代であり、適切に情報共有し、信頼できる関係機関から患者を受け取る時代です。そのための信頼関係を築くために、自己紹介ができることが大切になります。この自己紹介が上手にできない医療機関が少なくありません。相手が何を知りたがっているか、何を求めているか、どういうことに興味を持ち、「この医療機関と組んでみたい」と思ってもらえるかどうかという視点に立った自己紹介が大切です。極端な話ですが例えば、高齢の内科系疾患が集まる診療所に訪問した際に自院の小児科の専門的な話をしても、相手は興味を示しませんよね。反対に、例えば医師や看護師など、資格保有者同士で話をすると、そもそも共通言語が同

じですから相手の視点に立ちやすく、診療内容の勉強会に参加するなど、知識欲のある医療従事者同士で関係が築きやすくなります。

　地域住民から選ばれる医療機関になるための工夫として、治療実績や診療内容をホームページなどで公開することが代表的な例として挙げられます。ただ公開するのではなく、医療用語に慣れていない人のために解説を加えたり、絵や図を工夫したり見やすくすることで、一方的な情報公開であっても見てもらえる環境を作ることができます。また、1の3）で述べた「公開講座」も内容次第では地域住民に参加しやすく、興味を持ってもらいやすくなりますし、「公開講座」を開く場所を一般開放し、地域住民の会合に使ってもらうということも医療機関との心理的距離が短くなり選びやすくなる工夫と言えます。

　関係機関、地域住民いずれも共通して言えることは、興味を持ってつながってもらい続けるための仕組みづくりが大切です。直接医療に関係するものだけにこだわる必要はありません。クリスマスやお正月、夏祭りといった季節行事を催して地域を巻き込んでいる医療機関も少なくありませんね。医療機関が担う地域づくりは、地域住民の安心した生活の支えとなるものです。経営的な安定のために必要に迫られていることとは言え、先に述べたようにどうか楽しんで！実行して頂きたいと思います。

3　多様な地域づくりから学ぶ可能性

　ケースからの学び、そして私の専門領域から医療の現場の話をさせて頂きました。地域を知るということは「人がいないからできない」「お金がないからできない」と限界を設けることではなく、「どうしたら人が集まるのか」「お金を節約する方法はないかな」と可能性を模索することです。地域にはたくさんの人が集まって生活をしています。たくさんの人が集まるということはそこに無限の知恵があるということです。地域を楽しくするための方法はここに挙げたケースのみならず、無限にあります。

　もしかしたら地域づくりの中で失敗することもあるかもしれません。

でももしかしたら大成功するかもしれません。まずは挑戦あるのみ。地域づくりで地域が元気になり、地域の価値を向上させていくのと同時に、地域づくりをする人たちの成長を楽しみましょう！

第3章　在宅医が考える地域づくりの必要性

片岡侑史

1　総合診療科との出会い

　私は現在医師になって10年目、総合診療科の医師です。今でこそ「ドクターG」というテレビ番組の影響もあってか徐々に人々に知られるようになっていますが、学生の頃は「総合診療科」を知っている人の方が少ない状況でした。

　総合診療科と初めて出会ったのは12年前、医学部4年生の時の実習でした。当時まだ大学に存在し無い科だったため興味が湧き、実習に参加しました。その実習を終えたあと「色々な病気を診ることができて面白そう」という、今にして思えば軽い理由で総合診療科を志すようになりました。

2　病気を診断し治す医療

　総合診療科は診断を得意とする科であることが特徴です。初期研修のあとの後期研修では診断の技術を多くの上級医から学び、様々な経験を積みました。しかし経験を積むにつれて以下のような患者が多いことに気づきました。

●診断はできたが治療できない
　（例：Stage Ⅳの癌、難病など）
●診断をするための検査を実施することの負担が非常に大きい
　（例：大腸癌を疑った高齢者に対して、2Lの洗浄液を飲む必要のある
　　大腸の内視鏡を行うことが出来るか？）
●診断も治療もでき退院したが、再入院してしまう
　（例：誤嚥性肺炎や尿路感染症、褥創など）
●診断や治療の点以外に様々な困りごとを抱えている
　（例：お金がない、介護する家族が疲弊しているなど）

こうして、「医師は病気を診断し治すだけではダメなのではないか？」と思うようになりました。今から6年前、医師4年目の時の話です。

3　病院から地域へ

医師5年目からは初期研修を積んだ病院に戻り総合診療科の医師として勤務することになりました。病院を移っても前述のような患者は一定数います。

医師だけでできることは限られているため、看護師、セラピスト（PT・OT・ST）、MSW（メディカルソーシャルワーカー）、薬剤師、管理栄養士などの多職種と協力して1人1人を支えることの必要性を感じ、院内の様々なチームに所属しながら働くようになりました。端的に言えば「チーム医療」。その必要性を感じ実践し始めたのがこの頃です。

入院した方々が退院し外来通院となっても継続的に支援を続けるにつれて「この人は普段どこでどのように、誰に支えられて暮らしているのだろう」と思うようになりました。これが初めて「地域」ということを考えるようになった時期でもあったと思います。医師になって6年目になろうとしていました。

4　病院外での医師の役割

友人の紹介により地域の多職種、医療介護以外の異業種と触れる機会を多く持つことができ、様々なイベントへ参加し協力することによって、多くの人との出会いとつながりができました。

この時感じたのは、医師がいて当たり前の病院内では感じたことのなかった、「病院外では医師がいるだけでありがたいと思ってもらえる場面が意外とある」ということでした。言い換えれば、医師とは、ただそこにいるだけで安心感を与えられる職業なのだと感じました。例えば地域のイベントに医師が参加しているというだけで、怪我をしたり具合が悪くなったりした時には相談ができ、処置をしてもらえるということで、参加者にも運営側にも安心感を持ってもらえます。

こういった経験から「安心感を与えること」が専門職として大切な責

務であること、また、「医師ができることはほんの僅か」ということも実感しました。

5 忘れられない出来事

今から3年前、医師7年目のことでした。当時病院の緩和ケアチームに所属し、癌を抱えながら生きる人の苦痛を軽減するお手伝いをしていました。

ある時、仲間からある方のことで相談がありました。その方は身内から絶縁されて一人暮らしをする、がん末期の40代の女性でした。かかっていた病院からは「もうできることがない」と見放され、入院を望んでも受け入れてくれる病院がなく、痛みがあっても自宅でしか過ごさざるを得ない状況にありました。この方からのSOSをキャッチした仲間からの、「苦痛を軽減させてあげたいので、緩和ケア病棟へ入院できないだろうか？」という打診でした。緩和ケアチームの他の医師や看護師、MSWに相談をして、その方は運良く入院することができした。とはいえ入院後に私ができたことは、会いに行くことと話を聴くこと、そして時折、患者に何か食べたいものがあれば仲間が調達してささやかなパーティーを開いたことくらいでした。1ヶ月に満たない関わりののち、その方は病院で静かに息を引き取りました。偶然にも私が当直の日に息を引き取ったのは、今にして思えば何かの縁だったのかもしれません。

仲間たちは葬式をはじめ、遺品の整理、散骨、さらに絶縁していた両親へ本人が遺した手紙を渡すところまでやってくれました。こうした一連の出来事の中で私と仲間たちが感じたことは、地域にはSOSを発してもどこにも伝わらない可能性がある人が意外といるということ、そして「専門家が建物の中で構えているだけではそういった人の支援はできない」ということでした。多様な困りごとに対応するためには様々な領域の専門家同士のつながりが必要であるということも感じました。言い換えればアウトリーチと異業種間でのつながりです。

写真 1 中央に患者、右手に写っているのは仲間の金田ゆうじ。「ピザが食べたい」という希望に応じて、病棟のラウンジでピザパーティーをした時の場面。

6 在宅医療への関心

このような経験を経て、病気の診断と治療だけではなく、人の困りごとを網羅的に見て解決できるよう支援していくことの必要性を感じるようになって、私の関心は、病院内での医療から在宅医療へと移っていきました。入院してくる患者と出会い、そこで初めて様々な困りごとを知り、多職種でチームとして支援する。そこには十分な意味を認めつつ、同時にその限界も感じるようになったからです。

大半の人にとっては、人生の中で入院するあるいは通院する時間はごく僅かであり、それ以外の時間は病院の外で過ごします。しかし入院中・通院中のこの短い時間で解決できる困りごとは限られており、多くの人が病院の外で、困りごとを抱えたまま日常生活を送っています。私は、「それを支える医療が在宅医療ではないか？」と思いました。

ちょうど私が入院中診ていた方が訪問診療を受けながら生活をすることになり、それを機に訪問診療を行う医療機関で週1回勤務することになりました。こうして医師7年目の後半から、病院勤務医と在宅医の「二刀流」になりました。

写真2　最初に在宅医療を学んだ「おひさまクリニック湘南」

7　特定非営利活動法人ココロまち設立

　改めて、アウトリーチと異業種とのつながりの必要性を痛感すると同時に、地域には多様な困りごとを抱えながらSOSを発することができない、あるいは発しても届かない人が多くいるのでは？　という問題意識を持つようになり、さらにそこから、SOSにまで至らなくとも多くの人が様々な理由から「生き辛さ」を感じているのでは？　そういった人たちの居場所が必要ではないか？　と意識が広がっていきました。このような思いに同調した仲間たちによって「特定非営利活動法人ココロまち」ができました。2014年の12月のことでした。

　「特定非営利活動法人ココロまち」のホームページ（http://cocoromuch.or.jp/）に掲載された活動の目的を以下に抜粋します。

　　この法人は、地域に住むすべての人に対して、「人」そのものに目を向け、個々の能力を活かし、生き生きと安心して暮らせる社会づくりに関する事業を行うことにより、包括的な地域福祉の持続可能な発展に寄与するとともに、それらの成果を他の地域に広めていくことによって、おなじような多くの地域等の発展に広く貢献することを目的とする。

　　この法人は、その目的を達成するため、次に掲げる種類の特定非営利活動を行う。
　　（1）保険、医療又は福祉の増進を図る活動
　　（2）まちづくりの推進を図る活動

(3) 災害救援活動
(4) 科学技術の振興を図る活動
(5) 前各号に掲げる活動を行う団体の運営又は活動に関する連絡、助言又は援助の活動

　私は医師として、主に（1）と（2）の活動、具体的には無料の健康相談や市民向けの公開講座、介護事業所向けの研修、イベントの医療班などを担いました。正しい知識の発信や困りごとの拾い上げ、地域の方々へ安心感を与えることを目的として現在に至るまで活動を続けています。上記目的に記載されていますが、この時初めて「まちづくり」という概念を意識するようになりました。

写真3　特定非営利活動法人ココロまちの理事たち。後列左から2人目が筆者。

8　人生をささえる医療

　今から2年前、病院勤務医と在宅医の二刀流を続ける医師8年目は、それまでの様々な出会いと経験から、「今後どうしよう？　何を目指そう？」と思い悩んだ1年でした。「総合診療科の医師として病院勤務医を続け後進を育てていくのか、それとも在宅医として訪問診療を生業とするのか？」悩みに悩んだ末に在宅医となることを決めました。
　決定要因は色々ありますが、病気を診断し治す医療よりも人生をささえる医療に、よりやり甲斐を感じたことが一番の理由だと思います。また、後者の方が「今後の社会において必要性が高いのではないか？」と

感じたことも理由のひとつです。そして、医師9年目の昨年から在宅医として勤務することになりました。週1日は病院で勤務しているので相変わらずの二刀流ではありますが、現在の主たる診療スタイルは在宅医療です。

医療モデルの推移

これまでの医療 （1970年代モデル）	これからの医療 （2025年モデル）
病気を治す医療	人生を支える医療
病院完結型	地域完結型
入院医療	在宅医療
救命、延命	病気と共存
社会復帰	QOL、QOD
平均寿命60代	平均寿命80代

9　在宅医になって感じる「地域づくり」の必要性

　訪問診療は、様々な理由により医療機関への通院が困難となった方が対象です。定期的な訪問に加えて、体調の急な変化に対して24時間365日対応をすることが役割です。

　完治を見込めない疾患や様々な障がいを持つ方が多いため、診断と治療を要する場面は病院と比べるとかなり少ないです。在宅医療において医師に求められるのは診断と治療よりも、入院を防ぐための予防的な関わりや苦痛の軽減、介護者をはじめとする患者に関わる多職種を支えること、そして人生の最期まで本人を支え続けることです。役割は病院勤務医よりも多岐に渡っていることに気づきました。

　しかし、当然ですがこれらは医師1人でできることではありません。病院と異なり医師が1人でできることはとても少なく、他職種、例えばケアマネジャーや介護職、看護師や薬剤師、セラピスト、そして地域に住む様々な方と連携することが必須となります。端的に言えば多職種・異業種連携です。

　また、自宅に伺い生活空間に足を運ぶ在宅医は、必然的に医療以外の様々な環境に直面することが多いと言えます。具体的には介護者の健康

第1部　知れば知るほどワクワクのまちづくり

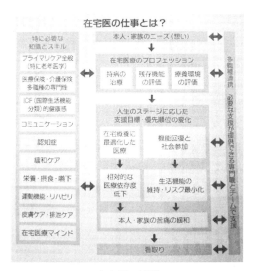

在宅医の責務
(「在宅医療多職種連携ハンドブック(医療法人社団悠翔会編集)」P249 より引用)

状態、家庭の経済状況、住んでいる地域の特性、周囲の社会資源などです。SOS を発することのできない、発しても届きにくい家庭の様々な困りごとを拾い上げられるチャンスが多いポジションと言えます。

　しかし在宅医として日々様々な家庭に伺い、話を聞き、生活を支えていく中で私は、「制度の中で専門職ができることには限界がある」と感じました。時間的な制約、職域的な制約、金銭的な制約など多くの制約があるからです。在宅医療をやればやるほど「必要なことができない」と感じる場面が多くなりました。

写真4　2016 年から勤務している「藤沢本町ファミリークリニック」

10　そして独立へ

「拾い上げた困りごとを解決するにはどうすれば良いか？」の答えを探して、先進的な取り組みをしている方々の話を聞き、実際に見学しました。石川県の「Share 金沢」、「西圓寺」、「行善寺」、富山県ではものがたり診療所、北海道で展開する「ささえるクリニック」を見学しました。

いずれも根底にあるコンセプトは同じで、そこでは、老若男女が病気の有無、障がいの有無など関係なく自然に暮らし支え合うことを、専門職が少しお手伝いをしていました。医療や介護は支えるための手段の1つにすぎず、人同士の緩いつながりがそこにはありました。

それらを見て、聴いて、感じて、自分が本当にやりたいことに気づくことができました。その時、独立を決意しました。執筆している現在（2017年11月）、2018年6月の独立に向けて着々と準備を進めているところです。私自身が今後やりたいことは「生き辛さを感じる人を支える」ことです。そのためには「地域づくり」が必要です。「地域づくり」とは具体的には以下のことだと思っています。

- ●人同士のつながりを作る、見つけること
- ●つながっていない人に緩いつながりをつくること
- ●人同士のつながりに対して安心感を与えること
- ●誰もが制約なく集える場を作ること

これらができれば人口が減少していく社会で、既存の制度が現在と同じようには利用できなくなっても、地域で人が生きていけるのではないかと感じています。あとは実践しながら修正を重ねていければいいかと感じています。

11　地域って面白い

病院勤務医として1つの病院に長らく勤務し（通常、医局に所属する若手医師は1つの医療機関に1～2年程度しか滞在しませんが、私は医局に所属せず市内の医療機関に研修医として2年、スタッフとして4年超所属していました）、在宅医として地域の様々な場所で診療をしたり、また特定非営利活動法人ココロまちの理事の1人として市民公開講座や

介護事業所での研修、大学での講義、また様々な人とつながり誘われてイベントに参加したりすることによって、医療介護職だけではなく異業種とのつながりも沢山できました。それだけではなく、こちらが知らないのに相手は私のことを知っている、という場面が年々増えていきました。以前に診た、あるいは現在診ている患者の友人や親族が市民公開講座を聞きに来てくれたり、私のこうした活動を知った地区社協の方々がわざわざご挨拶に来られて、時には講演の依頼をしてくださったり、また、訪問診療中に出会って挨拶したケアマネージャーから「先生のご講演を聞いたことがあります」と言われたり…。こんなふうに「人と人がつながっていくこと」を実感する場面が沢山ありました。このたび独立するにあたって土地を探していたところ、とある場所の持ち主と会ってお話しすると、その方は以前私が勤務していた病院に入院したことがあり、その時の主治医は私だった、といったこともありました。
　地域で様々な活動をしていると、医師という職種の特性なのかどうかは分かりませんが色々な人に見られていて、知らないうちに色々な人に受け入れられ、つながっていくのだなと感じました。「地域づくり」というと自分自身が主語で地域をゼロから作るように感じられるかもしれませんが、実際はそうではないと思います。元々地域はつくられており、そこに医師が入っていって住んでいる様々な人に受け入れられることが第一歩です。そこで初めて地域に住む人の困りごとに触れ、医師が解決できない困りごとは解決できる誰かにお願いをする、この流れの繰り返しによって人同士の多様なつながりができていきます。もしくは、多様なつながりを知ることができます。これが第二歩です。第三歩は、どこともつながっていない人をそのつながりに緩くつないでいく、そのハブのような働きをすること。最終的には地域に住む人を傘のように守り、安心感を与える存在になれればいいなと考えています。「あの先生に相談すればなんとかなる」と思ってもらえる存在になること。これが、今現在私の考える「地域づくり」です。

第２部

まちづくりのノウハウ

長渕晃二

第1章　まずは多忙さを見直す　～地域と関わる前に～

　「組織の中で自分の仕事がもっと認められたい」、「行政や住民に頼られる機関になりたい」、「業務に追われるばかりで、もう少し仕事を整理し、地域に出ていきたい」…このような思いを持ちつつ地域に関わる仕事をしている職員は少なからずいることでしょう。
　この章では、仕事の姿勢や工夫についての基本的なコツを紹介していきます。中には一般の会社で役立つこともありますから、地域との関わりに限らず、どの施設・機関で働いている人にも参考になるかもしれません。もちろん、地域と関わるための固有の方法もありますし、「ウチの職場ではまったくムリ」というものもあるでしょう。
　読みながら「身近な職員やボランティア、利用者、家族の中にも、いろいろ教われそうな人がいそう」と気づくこともあるでしょう。
　ここで書かれていることを、わがまち流・わが職場流にアレンジし、どうぞ新たなノウハウを積み上げていっていただければと思います。なお、この章の各項にあるポイントと演習課題には、それぞれ「ある具体例から」を紹介しており、より実践的な理解が得られるようにしています。

1　社会資源徹底活用論　～一人でがんばらない～

ある職員の悩み
　私はどの仕事に就いても、いつも「忙しい、忙しい」と言っている。
　良く言えば責任感がある。でも悪く言えば、一人で背負い込み、人に任せられないタチ、要領の良い時間の使い方ができない、という悩みがある。「○○さんは使えない人だ」なんて偉そうなグチを言うこともあるが、人をうまく活用する能力がないんだと思う。

ある住民のホンネ
　あの職員は忙しそうで、声をかけにくい。他に頼りになる職員がいるから、まあいいけど。

第2部　まちづくりのノウハウ　長渕晃二

凸　この前会った人は「忙しいという言葉は、自分の無能ぶりをひけらかしているようなので言わないようにしている」ってさ。
凹　正直者なので、つい「忙しい」とか、「給料これだけかあ」とか言っちゃう。
凸　その人は「忙しいという字は心を亡くすと書く。心にゆとりを持つために忙しいと言わないようにしている」だって。
凹　私も心がすさんでいるなあ。「もっと給料を」という感じ。
凸　くどいよ！　まあ確かに、福祉の仕事をしている人は忙しいけどね。優しく奥ゆかしい性格なので、上司や職場内の他職種に、自分の忙しさや難しさをアピールできず、仕事の一部を「手伝って」と言えず、その割に他職種から押し付けられた仕事について「利用者のためだからNOと言えない」という人がいるなあ。
凹　う〜む、まさにそれは私のこと。アピールしないねえ。
凸　何より、制度が変わって公的な財源が減り、事業所によっては、利用者は増えて重度化しているのに職員が減るという問題点があるし。
凹　そうだ！　私のせいじゃないんだ。
凸　君に限っては違うんじゃない？　一方で、不思議な人もいるんだよなあ。あるベテランAさんは、忙しいはずなのに5時過ぎに仕事を終え、帰宅後は家事と育児をこなし、地域での役も担っていたりする。
凹　きっとその人は美人で、周りが手伝ってくれているんだよ。
凸　それは大ハズレ。Aさんの仕事ぶりを見ていると、まず、記録など文書作成が早い。記録は人により3倍くらいスピードが違うからね。時間がかかっている割に、ほかの人が読んでよくわからない記録になっている人もいるし。雇う側としては人件費を考えて、やはり記録上手なAさんのような人が良いと思うだろうな。
凹　記録、苦手！　ああ、私は「人件費のムダ使い」と思われていたのか！
凸　なんだ、今頃気づいたのか。だいたい卒論を親に書いてもらうようなことしているから、文章力が身につかず、後になって苦労することになるんだよ！
凹　ああ、容赦ないお言葉…。ついでに言ってしまうと会議も苦手なん

第1章　まずは多忙な現場を見直す　〜地域と関わる前に〜

だ。
凸　Aさんは会議のスピードや中味も違うよ。まず、資料はあまり恰好つけず、必要最低限にまとめているから、作成に時間を費やすことはないし。
凹　いるいる、資料をたくさんつける人。もっと森林資源を大事にしてほしいね！
凸　Aさんに会議を仕切らせると、今までの会議を振り返って課題を整理し、各自の意見をきちんと引き出し、妥協点を示して合意を促し、次回に向けての課題を明らかにし、短い時間で一定の成果を上げている。
凹　Aさんの頭の中、のぞいてみたい。会議前は「どう進めよう」とか、ちゃんと考えているんだろうなあ。
凸　人件費のことも考えているよ。議事録はホワイトボードにその場で書き、終了してすぐ各自にボードを撮影させるから、会議後の手間が省ける。横道や雑談をなくし半分の時間で切り上げると、ずいぶん節約できるしね。
凹　私なら会議が1時間半を越えると、もう集中力が切れちゃう。
凸　それはフツウでしょ。それより何より、一番指摘しておきたいことは、Aさんはよくいろいろなところへメールや電話をし、コミュニケーションを取っているということ。上司や同僚をうまく活用するだけではなく、他機関・団体も上手に活用しているよ。
凹　出会った人を大事にしているんだね。つかんだら離さずって感じ。
凸　言い方を変えれば、人脈と情報をきちんとつかんでいるんだよね。相談の仕事も、その2つをつかんでいると、調べなおす手間や調整の手間が少なくてすむし。
凹　「Jinmyaku」と「Joho」、ふたつの「J」だね。
凸　お、覚えやすいね。もしも身近にAさんのような人がいるならば、ぜひネットワークづくりのノウハウを尋ね、おすそわけしてもらってはと思うよ。
凹　猿真似は得意かも。

凸　Aさんは誰かに教わった部分もあるだろうけど、天性の素質もあって、子どもの頃からガキ大将のように遊び、学生時代から課外活動などを盛んにしていたらしい。
凹　遊びは大得意だったよ。なんか少し希望が湧いてきた。
凸　まとめておくと、自分一人だけでがんばってしまおうとせず、職場や関係機関・団体を存分に活用する姿勢が大事ということ。それが、個人プレーではない組織的な仕事にもつながっていくしね〜。

★　ポイント
①人脈と情報をつかみ、人の力を借り、自分の仕事に存分に活用。
②人件費(人や時間)の使い方を効率良く。特に、記録、資料作成、会議。うまく人や時間を使っている人から学ぶ。

ある具体例から
先輩ワーカーBさんを見ていると、よく人にお願いしているし、感謝の仕方とかほめ方がうまい。「助けられ上手」だ。異動してきて1年なのに、過去の経過や人間関係もよく押さえているし、他の係への配慮というか、法人全体のことをちゃんと考えている。だから将来の展望とかアイデアも出てくるのかも。地域支援をする前に、職場の過去・未来と組織・業務を見渡せる「幅広い視野の職員」になれたらばと思う。

★　演習課題

　社会資源の活用には調整力が重要。学生時代に経験したサークル活動・委員会活動などを思い出しながら、先輩・同級生・後輩や教員の活用の仕方について、成功例・失敗例を皆で出し合い、仕事で活かせる工夫や注意すべき点を探ってみましょう。
ある具体例から
　小学生の頃、花壇の係をやっていたように思う。たぶん地元の人の中には花や野菜づくりが得意な人もいたと思う。栽培した花を近くの病院に届けると良かったかも。

中学生の頃は、魚や動物の飼育をする生物部に入っていた。小動物をきっかけに、保育園や老人ホームとの交流ができれば良かったなあ。
　高校時代は図書委員。「こんな本を充実させたい」と地域に寄付を募れば、もっと図書が揃えられたかな。先生方に、おすすめの本を尋ね、読書推進の活動をしたのは、下級生にも好評で、なかなかいい活動だったと思う。でも今から思うと、卒業した先輩たちはいろいろな大学に進学していたから、図書整備も読書推進も、もっと情報提供してもらえただろうな。

2　まず恩を売る資源活用論　〜でも最初はがんばる〜

ある職員の悩み
学校に「介護予防サロンのための部屋を貸してほしい」と願い出たら、子どもが減って空き教室があるはずなのに、まるでダメだった。頼み方がいけなかったのだろうか？
ある住民のホンネ
せっかく身近な地域でサロン活動をしたいのに、福祉施設も学校も企業も貸してくれない。やる気をなくしてしまう。ある市では、学校を使って福祉活動をしているという話を聞いたことがあるのに。

凸　君は地域の福祉関係者に知り合いは多い？
凹　夜の酒場の知り合いなら多いけど。役に立たないかな？
凸　まあ、意識してネットワークを作れば意外とおもしろいだろうけどね。ちなみに、幅広いネットワークを持つ人って、この４つのどれかに当てはまる場合が多いと思うよ。

①家族内に地元の医療・福祉関係者がいる（専門職や法人役員など）
②もともと地域で様々な活動をしていた（文化やスポーツ活動を含む）
③営業マンタイプであり関係機関・団体との「飲みニケーション」を大事にしている
④以前に社会福祉協議会などネットワークを得やすい組織で活動していた

凹　なんか、ちょっと意識して動けばできそうかも。やる気と自信が出てきた。

凸　相変わらず単純だね。

凹　それが私のいいところ。でも、どれにも当てはまらず、一からネットワークを作らなければならない人ってどうすればいいのかな？

凸　このうち②と③はがんばればできるかもね。後で他のやり方も紹介するけど、その前に、逆にネットワークを築いていかないと後がずっとたいへんになるってことを言っておきたいね。

凹　モチベーションが上がる話なら聞きたいねえ。

凸　たとえば、ボランティア団体づくりをする場合、はじめは広報やら講座の企画、準備会の結成など、何かとたいへんだけど、後は自主的にいろいろと動いていただける。

凹　つまり部下がたくさんできるってこと？

凸　全然違うけど。良いパートナーができるって感じかな。

凹　出会いの機会をがんばって作れば作るほど、いい嫁さんが見つかるってこと？

凸　やっぱり全然違うけど。話しを先に進めるよ。まず、ボランティア団体づくりの常套手段について。

凹　わかりやすく、いつものように箇条書きにしておくれ。

凸　はいはい、じゃあこんな感じで手順を書いたよ。

・何回かにわたる連続講座を企画し、広報によって受講者を集める
・一方的な講義でなく、活動への動機づけや、仲間づくりのできる講座内容にする
・修了後に有志での打ち上げパーティーを促したり、会づくりの準備会結成を促す
・準備会を支援し、ボランティア団体の結成に向けたアドバイスをしていく

凹　大学のサークルの新入生勧誘に似ているところもちょっとあるね。

凸　おっ！　そうやって身近な体験に引きつけて考えてみるのは大事だね。地域は大学と違って一年中、引越し、退職、出産ほかいろんな動

第1章　まずは多忙な現場を見直す　〜地域と関わる前に〜

きがあるからたいへんだ。
凹　受講者も出会いを求めているかもね。
凸　引っ越してきた人の中には、確かにそういう人もいるよ。それにしても講座は、広報費、講師料、人件費ほか、お金がかかる。職員の人件費も考えてみると、バカにならない金額だ。
凹　1秒1円という感覚で働かないとね。
凸　もっとも、支出のことしか言わなかったけど、行政・社協・共同募金・財団からの補助金・助成金とか、行政・社協・施設からの講師派遣、受講者からの受講料・資料代など、収入や講師の工夫はできるんだよなあ。
凹　サービス利用者だって講師になるよ。
凸　さっきからいいことばかり言うねえ。それについては第2章の1でふれるよ。いずれにせよ、社会資源を新たに作り出すってことは、簡単ではないけどね。
凹　産みの苦しみってやつかあ〜。
凸　でも、ボランティア団体の会員と、すっごく強いネットワークを築くチャンスだし、さらにそこから新たなニーズや社会資源の情報が入り、雪だるま式にネットワークが広がる可能性があるよ。
凹　怠け者だから、そういう一石三鳥みたいなことは大好きだな。
凸　受講者との信頼関係を得ておいて、その後のコミュニケーションを密にしておけば、後は座していても地域の情報が入ってくるんだよね。
凹　地域の情報屋。なんかカッコいいな！
凸　新たな活動をやると、小さな失敗がつきものだから、そんなカッコいいものでもないけどね。でも、失敗を通じて学びがあり、仕事のおもしろさと難しさを感じることができる。ルーティンワークだけなら、学びややりがいは少ないし。
凹　確かに毎日同じ仕事ばかりだとドレイみたいだね。仕事は自分で作り出すからこそおもしろい。これも遊びと一緒だな。
凸　遊びと言えば、一方が勝ってばかりだと、そのうちお互いつまらなくなるけど、世の中、一方が援助してばかりだと、お互いつらい関係になりがち。

凹　タダで貸すのではなく、見返りがあるといいってこと？
凸　いや、ちょっと違うけど。たとえば、地域に「これは活用できそうかも」と思い、飛び込みで何かを頼みに行っても、実際はなかなかすんなりと応じてもらえるものではないよね。学校に空き教室があるからと、活動拠点に使わせてくれと頼んでみても、たいていは何かと理由を言われて断られるし。
凹　ケチだねえ。
凸　違うって。子どもの教育目的ではないんだから、話はそんな簡単じゃあないよ。それにさ、使える人脈がなく、新たに人脈を作りたい場合、まずは先に「相手に何を協力できるか」を考えることがコツなんだよ。
凹　いきなり「お願い」とか言われても「失礼だ」と思われるかもね。
凸　学校であれば、「福祉教育に協力しますよ」、「社会体験の活動先を調整しますよ」など、まずは何かを提供すると良いと思うんだ。
凹　つまり先に恩を売るということね。先を読んで一手を売（打）っておくというところは将棋みたい。
凸　もちろん、PRするまでもなく、相手から先に依頼してきた場合は「棚からボタ餅」だね。そして、何回か依頼を受けた後に、現実的な提案をしてみよう。
凹　関係づくりのため、何回かはガマン・ガマンだね。
凸　「地域医療・福祉の拠点のため教室を提供して」ではなく、「子どもと高齢者との交流サロン室を」とか「福祉用具や擬似体験の装具を揃えた福祉体験実習室を」など、教育に絡めた提案をするなど。
凹　得したり、言い訳できたりするネタだね。それにしても、学校側も、もっと地域に対して何か提案してくれるといいのになあ。
凸　あらかじめ相手のメリットを意識し、負担感を匂わせず、相手の上部組織の理解を得られやすい提案をすることが必要だね。あくまでも表向きは「子どもの教育のため」って感じ。
凹　そういう本音と建前を使い分けるオトナの姿勢は、相手が学校に限らず大事だね。いろいろ応用できそう。
凸　確かに、企業やお店、福祉施設が対象でも、考え方は似ているだろうね。

第1章　まずは多忙な現場を見直す　〜地域と関わる前に〜

★　ポイント
①今ラクをして何も変えず、後で苦労するような実践をしていないか考える。
②せっかくの人脈をフル活用しているか、自分から情報収集をしているか振り返る。
③「相手のメリット」や「依頼に応えてくれやすい理由」を考える。

> **ある具体例から**
> 元営業マンの同僚は、交渉や勧誘の仕方がうまい。福祉系大学を出てから「まずは企業に入って、一般社会の常識や接客の仕方を学びたい」と考え、3年たってから今の職場に転職したとのこと。普段からのコミュニケーションをしっかりとっていると、自分のことを理解してもらえるようになることを心得ている。自分から率先して仕事を引き受けることで、周りから一目置かれ、「あの人の頼みなら聞いてあげよう」という気になる。人のことを考えていると、結局自分に返ってきて、幸せな仕事、家庭を築けるんじゃないかと思う。

★　演習課題
身近な地域の企業か学校を想定する。相手のメリットにもなるような理由を考え出しつつ、地域活動拠点へとしていく戦略を立ててみよう。

> **ある具体例から**
> 地域内の食品工場をネットで調べたら、障がい者雇用をしっかりやっていたり、健康食品も作っているらしい。知り合いの家族がそこで働いているので、イベントの時に、そこで生産された商品を大量に購入した。そこから徐々に関係は深まり、試供品や賞味期限が近い商品をいただいたり、労働組合を通じてボランティア募集やチャリティイベントのチケット販売ができた。工場内のテニスコートでは、障がい者を含む社員と、障がい者を含む地域住民の交流試合も行われるようになった。これらのことは広報紙やHPにも大きく載せたので、会社のイメージアップにもつながったのではと思う。

3 提案実現論 ～忙しい職場の中で提案を通す～

ある職員の悩み
お年寄りも障がいのある人も子どもも集えるサロンを開きたいが、企画するヒマもないし、提案したってどうせ上は聞いてくれないだろう。

ある住民のホンネ
「地域なんとかセンター」なんて機関がいろいろできているようだけど、どうせ一部の人しか対象としていないんでしょ。私には関係ないわ。

凸　「この人にはこんなケアをしたい」とか、「今までのイベントをこうアレンジしたい」など、皆それぞれいろんな提案を持っているよね。

凹　私は独身の異性と知り合えるイベントをやりたい！

凸　職権乱用かい！　まあ、でも自分がやる気になれる、楽しめる企画は、利用者にも伝わるという点はあるね。

凹　利用者だって、いろんな人と交流したいという人はいるし。でも、アホな私の意見って、周りが相手にしてくれないし。

凸　君のように周りから信頼されていないと、確かに提案が通らないね。

凹　同じ提案しているのに、イケメンや美女が言うと通るんだ。切ないねえ。

凸　実際、新人の頃とか、あるいは相談員が自分一人だけという場合も、なかなか意見が通らないことがある。

凹　なんかうまいことやっている人いるかな？

凸　自分が直接意見をしないで、誰かに根回ししておき、代わりに言ってもらうというやり方は？

凹　誰かって？

凸　やっぱり周りから信頼されている人や、発言力がある人かな。

凹　それって、どこの会社でも一緒だよね。でも、発言力ある人の中には、私の苦手な人もいるんだけどな。

凸　仕事だろ。そんなこと言っているから、自分の提案が通んないんだよ。

第1章 まずは多忙な現場を見直す ～地域と関わる前に～

凹 医療・福祉職って、世渡りの仕方がヘタな人が多いかも…。医療・福祉特有のやり方ってない？
凸 利用者・患者やその家族という手もあるね。地域の活動なら、自治会長や民生委員（およびその経験者）だろうね。
凹 なるほど、いい裏技だ。でも、地域の人といったって、ぜんぜん知らないよ。
凸 誰と誰が犬猿の仲で、誰が裏のボスだとか、ちゃんと知っておかないと失敗するよ。
凹 なんかヤクザみたいな世界だね。どうやって知り合えばいいかな。
凸 地域と交流するイベントでもすれば？
凹 いや、だからその提案が難しいんだって！
凸 冗談だよ。この本は随所に「知り合い方」が出ているよ。

★ ポイント
①「提案がよく通る人」の仕事を観察・聴き取りをし、今まで組織の中でどう信頼を得てきたかという点に着目してみる。
②普段から、各組織の人間関係を把握するとともに、「発言力ある人」とのコミュニケーションをとっておく。

> **ある具体例から**
> 　元は役所の重役で、市長になりたかったが人望がなく、社協の会長になった人がいた。福祉イベントでは市長と並んで座れる立場である。福祉についてはあまり詳しくないにもかかわらず、とにかく何でも伝えておかないとダメで、ヒマだから毎日来るので事務局長が二人いるよう。
> 　役所から派遣で来ていた事務局長は、いつも会長から叱られるので、よく役所へ逃げていた。やはり役所から派遣で来ていた課長は、会長からも職員からも信頼されていなかった。その下の係長は異動したてで、まだ企画や役員会のことは慣れていなかった。当時、若くてヒラだった某ワーカーは、いくつかの新規事業の企画をしなければならなかったが、なかなか上へ伝わっていかないため、仕方が

53

> ないのでいつも係長、課長、局長、会長、それぞれに説明して回っていた。
>
> 　その結果、顔を合わせたくないほど大嫌いな会長ではあったが、きちんとコミュニケーションをとっておくと、たいていのことは通った。

★　演習課題

　それぞれの組織の中で、提案がよく通る人、通らない人を探し、そのコツや欠点を探してみましょう。また、自分のどのような点を変えていく必要があるか考えてみましょう。

> **ある具体例から**
>
> 　ある新人は明るく頭も良く、住民リーダーにはウケがいいが、職場での報告・連絡・相談や根回しが苦手で、同僚や係長に何も相談せずに係会議で新たなことを提案するのだが、いつも先輩たちから理路整然と反対意見を述べられ却下される。
>
> 　本人は「足を引っ張られる」とか「つぶされる」と言っているが、実は身近な資源を活用できていないのである。また、住民リーダーとの信頼関係はできているが、リーダークラス以外のボランティアとのコミュニケーションは取れていないという問題もあった。

4　人脈・情報重要性論　～人脈・情報をつかみ頼られる存在に～

> **ある職員の悩み**
>
> 　市内に住んでいないから、地域資源の情報は、福祉・医療・教育などの公的なサービスと、あとはボラセンが出している団体一覧を見て知っているくらい。他職種の人に「ソーシャルワーカーなのに、○○の活動のこと知らないの？」と言われてガーンときたことも。地域の情報を他の職員よりもつかんでおきたいが、どうすればいいかわからない。

> **ある住民のホンネ**
>
> 　公民館でコーラスを取り入れた介護予防サロンを開いているんだ

第1章　まずは多忙な現場を見直す　〜地域と関わる前に〜

> けど、職員に「半年後に発表会をやりたいので、地域のセミプロの音楽家やバンドはいないかしら」と聞いたら、まったく知らないと言われた。まだ若いから仕方ないけど頼りないわね。

凸　私はどこの職場でも上司から頼られるんだ。職員やボランティアの募集で、人をよく紹介したりするからね。人があまり知らない情報も持っていたりもするし。

凹　また自慢かい？

凸　悔しかったらマネしてみれば？　実際、そう難しくはないよ。

凹　いろんな人とつながりがあると、地域で活動するのには便利そうだね。自分の結婚相手も見つかるかもしれないし。

凸　そればっかりだな。ま、動機が間違っていても、スキルが身につくならいいけどさ。まず、身近なところから言うと、中学・高校や大学の同級生のつながりを大事にすることだね。

凹　ボク、お友達いないんだけど。

凸　逆に言えば、中学から大学にかけて、サークルに入って活動するなど、集団活動を経験しておくと、後で役に立つことがあるんだよなあ。

凹　ああ、手遅れだった。でも、今から地域の趣味サークルに関わっておくといいんだな。

凸　「職場のある地域では活動したくない」という人はいるけど、そういう人はたいてい人脈もないし、地域のことも知らないままだよなあ。公民館のサークルや講座に参加してごらん。とたんにネットワークが広がるよ。

凹　昔のセツルメントの活動家のように、地域に住み込んで活動しているワーカーには、ちょっと勝てないかもな。

凸　もちろん、地域に住んでいなくても、活動していなくても、人脈と情報のある人はいるけどね。

凹　待っていました！　そこが一番知りたいところ。

凸　まず、ありがちな手段としてはボランティア講座など。数日・数科目にわたる連続講座を開くと、企画はたいへんだけど、新たな人脈づくりになる。そして学校の活用。初めに小・中・高校の場合について、

いくつか挙げてみるね。

① 小，中，高	授業全般との連携
② 小，中，高	PTA・保護者会との連携
③ 中，高	クラブ活動・委員会活動との連携
④ 高校	家庭科における福祉領域との連携

凹　家庭科っていうのは意外だなあ。

凸　今、家庭科の教科書には、ずいぶん社会保障、保育、介護が入ってきているし、衣食住の中でも福祉に関わる部分はあるからね。

凹　仕事をしながら女子高生と知り合えるなんていいねえ。

凸　やれやれ、君はそのうちやらかしてニュースに載ってしまうかもね。話を進めるけど、大学などとのつながりは第4章の1「大学等活用法」で詳しく紹介するので、ここでは研究会・学会や専門職団体について、ちょっと挙げてみようか。

凹　なんか会費を払ったり、遠くのセミナーに出かけるイメージがあって、面倒臭そう。

凸　でも、がんばっている人たちと知り合うと、こちらも元気が出るし、ストレス解消になるよ。各地のアイデアをいただけるし、現場の人や研究者と知り合える。たくさん名刺を持っていくといいよ。

凹　転職先を探すのにも役立ちそう。

凸　専門職団体によっては、ホームページに求人情報が出ているし。研究会・学会はずいぶん増えてきて、福祉以外の分野と交流できる団体もあっておもしろそう。

凹　インターネットは便利だよなあ。でも、そういえば地域の団体や企業、学校について検索してみたことがないぞ。

凸　それはよくない。それこそ情報の宝庫だよ。企業や学校なら、ホームページを開いているところも多いからね。

凹　異業種間交流は、よく行くスナックでもしているけど、井の中の蛙にならないためには必要かもなあ。

凸　あと福祉関係では、運動団体も交流の機会になると思うね。「全国福祉保育労働組合」とか、低所得者を中心とした当事者団体の「全国

生活と健康を守る会連合会」など。もちろん全国組織だけでなく、地域の組織も調べておくといいね。
凹　安月給が不満だから労働組合を作ろうかな。
凸　もらっている給料以上に仕事していると思っているなら作ってみれば？

★　ポイント
　自分や自分の家族も含めて、地域の団体や学校、専門職の団体とどのようなおつきあいがあるか。飲みに行ったり趣味の活動も含めて、地域の人とのおつきあいがあるか。それを仕事にどう活かしているかを考える。

> **ある具体例から**
> 　某職員は「最初の３年間は地域に住もう」と考えた。例えば某スーパーは何が安いとか、そういう些細な地域の情報も、住民との会話の中では大事だし、そこにニーズや社会資源があると考えたからである。子どもを通じて、学校やPTAとのつながりもできた。そして食事サービス団体にボランティアとして加わり、おいしい食事を一緒に食べ、多くのボランティアや利用者と接することができた。若手の施設職員やボランティアとは、よく合コンを開いたので、そこでも人脈を作ることができた。

★　演習課題
　まずは一番左の欄に、地域の団体・学校・店をリストアップし、次に、過去を含めて自分・家族・同僚には、それぞれとどのようなおつきあいがあったか書き込み、最後に、今後どのような関係づくりをしていくか考えてみましょう（枠の数はいくらでも増やして下さい）。

団体・学校・店	自分	家族	同僚	今後の関係形成

書き込み例

団体・学校・店	自分	家族	同僚	今後の関係形成
市社協	学生時代に実習、後ボラ登録	なし	担当ケースの関係で連絡有	福祉講座で講師をし、ボラ募集
小学校	なし	長男が通学、妻がPTA役員	パート職員の子が通学	6年生の車いす体験に協力
スナック○○	よく歌いに行く	なし	たまに連れて行く程度	他の客とも、もっと話してみる

5　業務リストラ論　～自分の業務計画でスクラップ＆ビルド～

あるワーカーの悩み

　市から委託を受けた相談機関に勤めていて、市から「次年度は○○地区でも月1回の体操教室づくりを」とかいろいろな要求がくる。仕事が増えていくばかりで、これ以上どうにもならないが…。

ある住民のホンネ

　あのワーカーさんは毎回活動に来てくれるのはありがたいけど、まだやっていない地区もあるのにいいのかしら？　いろいろ手伝ってくれるからラクでいいけどね。でもああいう仕事でお給料いただけているんだからいいわね。私が所長なら雇わないけど。

凹　担当の仕事は多いのに、5時過ぎにさっさと帰る人がいる。私は9

時くらいまでいつもいるから、住民は「あの人はいつも遅くまでたいへんね」と思ってくれているはず。

凸　中には「電気代のムダだ」と思っている人もいるかもね。密度の濃い仕事をするにはどうしたらいいと思う？

凹　雑談をしないことかな。よく利用者さんのことについて同僚とおしゃべりしているし。

凸　必要最低限のおしゃべりにとどめておけるといいね。お給料が1秒1円だとすると、雑談相手と自分とで、10分1200円だからね。

凹　お〜、そう考えると、10人の会議で2分横道にそれただけで1200円だね。そういえば前にも会議をうまく仕切ることや、人をうまく使うこと、記録を早く的確に仕上げることの指摘があったね。

凸　時間を効率よく使っている人は、2つの委員会の研修会を合同で開いたり、2つのイベントを1つにまとめて開くなど、ドッキングの仕方がうまいよ。予算を効率よく使ったり、双方の役割分担と交流をすすめることになっていたりもするし。

凹　作業所とかグループホームなど、小さな施設が増えているけど、みんなでまとまれば大きなこともできそう。好きなアイドルとか呼べたりして。

凸　いくつかの施設・団体が共催すると、調整はたいへんだけど、大きなことができ、集客も容易で、PR効果があるよ。

凹　一石三鳥みたいな話が多くていいねえ。

凸　ボランティアや実習生、利用者や家族を上手に活用すると、さらに他の効果も出てくるんだよね。

凹　間抜けなことに、そういういろいろな効果に気づかず、後になって「これも目的の1つにしておけばなあ」とか「その効果をもっと宣伝すれば良かった」と思う時がある。

凸　年度替わりに、ちゃんと業務の振り返りをし、自分なりに計画を立ててみるといいよ。次の①〜⑦を考えてみては？

①縮小できる業務（例：年4回の会議を3回にする）
②支援を減らす業務（例：住民活動の自主性を引き出す）

③他へ移せる業務（例；他の事業者へ移管する）
　④実習生へ任せる業務（例；調査の集計作業）
　⑤上司・同僚・部下の活用を図る業務
　⑥合同できる業務（例；ある研修や会議を合同で行う）
　⑦共催できる業務（例；他機関・団体と合同で行う）

凹　ケアプランとか事業計画とか、よく計画づくりをする仕事なのに、自分の仕事には計画性がなかったなあ。人の使い方も時間の使い方もヘタだった。

凸　住民活動に対して、どれくらい支援すればいいかは、なかなか難しいところだけどね。ケースワークで自立を目指すように、コミュニティワークでは自治を目指す訳で、住民の主体性を尊重した支援になっているかどうかは、常に問うべきだと思う。

凹　住民からすれば、もちろんずっとたっぷり支援してほしいんだろうけど、コミュニティワークが必要な地域や分野は、他に際限なくあるだろうからなあ。どのくらいやればいいのかよくわからないから、上司や恩師へ聞いてしまおうっと。

凸　ベテランからのスーパービジョンや、外部の専門家からのコンサルテーションを受ける姿勢は大事だと思うよ。「住民主体が大事だから支援の手を引いた」結果として、信頼関係が大きく損なわれるようだとダメだしね。

凹　愛想がつきた恋人ときれいに別れるみたいなものかな？

凸　別れるわけじゃあないよ。しばらくして「ボランティアが減ったり高齢化して困っている」という問題が出てくる場合があるから、たまに連絡を取ってフォローしておくことが大事。

★　チェックポイント
　①同僚にも配慮しつつ、時間の使い方に気を遣っているか？
　②業務の整理、適度な支援を常に考えているか？
　③他部署・他機関との連携・共催や一石三鳥の事業を目指しているか？
　④ベテランや外部からの助言を積極的に受けているか？

ある具体例から

　一般の住民向けに、介護予防教室を開くという事業計画があった。とはいえ、参加者を募集しても、少数の住民が参加するだけであろう。そこで、公民館では様々なサークルがあり、多くが中高年齢者であることに着目し、各サークルに年1回、「かなひろいテスト」か骨密度測定をしてもらうことにした。公民館と協議の上、サークル代表者との懇談会を開き、リーダー研修会を開くなどして、既にある活動に介護予防の機能をちょっと加えてみた。ワーカーは各サークルを年1回まわって効果測定するだけでなく、人材の把握、住民ニーズの把握を心がけた。

★　演習課題

　チェックポイントに合致するような事業を行っている人、まるで正反対の人を探し、実践のあり方を考えてみる。

ある具体例から

　ある現場で、大学教員の声かけにより業務量調査をしてみた。すると、職員間で、一定の業務に対して費やしている時間に大きな差があることが明らかになり、業務のあり方についての議論をする貴重なきっかけとなった。それまで、いかに個人の考え・感覚に任されっぱなしになっていたかがわかり、相互協力が進むことにもつながった。

6　利用者価値論　～利用者が「必要とされている」と実感できるよう～

あるワーカーの悩み

　ここの活動に参加しているお年寄りは、みんな野良仕事や郷土料理くらいの特技はあるけど、ごく普通の主婦たちばかり。特に文句もなく、楽しんでいて下さるようだけど、今のままの活動でいいのかしら？

ある住民のホンネ

　踊りや詩吟の指導に来てくださっているボランティアさんたちには、私たち参加者一同みな感謝している。けれどホンネを言うと、踊りはもっと上手な知り合いがいるし、詩吟は私の妹の方がうまいわ。

凹　内心あまり楽しめていないお年寄りも、職員や家族に気兼ねしておつきあいしている場合ってあるかもなあ。

凸　人の援助を受けてばかりっていうのは、心苦しいって気持ちになるか、慣れすぎて依存的になるか、あまり幸せなことではないだろうね。

凹　自分より若い人が「援助しますよ」なんて態度でくると、「何を偉そうに」とか思うかもなあ。

凸　トシをとるとプライドが高くなるから困ったものだ。「最近の子どもはあいさつしない」というお年寄りがいたけど、大人がまずあいさつしないとダメだと思うね。

凹　子どもからすれば、お年寄りはみな同じような地味な外見だし、お年寄りからすれば、子どもは同じランドセルと帽子で、しかもすぐ成長してわからなくなる…。

凸　毎朝横断歩道に立ってくれているお年寄りには、子どもたちはあいさつするだけでなく、帰りには学校であったことを話してくれさえもするんだよなあ〜。

凹　かえって親よりも子どもの学校での様子を知っていたりして。

凸　家で仕事をする自営業の人が減り、要介護のお年寄りはデイサービスやデイケアへ、子どもは学童保育や習い事へ、若者は転職や引越しを繰り返す。地域に居る時間が減ってしまっている人は多いね。

凹　特に朝や夕方は民族大移動の時間帯だ！

凸　だからこそ、施設や学校や企業を活用しての地域交流が必要なんだろう。

凹　どちらか一方だけがサービスを受ける側じゃないことは大事だね。

凸　私がトシをとったら、役割がない場には行かないと思う。

凹　役割は別にいいけど、かわいい子がいないと行かないと思う。

凸　後の「利用者資源化法」のところで具体的なやり方は紹介するけど、誰もが「人から必要とされている」って思える人生だと、「生きている意味がある」って感じることができると思う。

凹　飼っている犬から必要と思われるだけでもいいや。

凸　確かに、ペットが生きがいという人もいるね。

凹　美人になら、犬に生まれ変わって飼われたい。
凸　いや、犬は容姿を問わず、自分をかわいがってくれる人なら誰にでもなつくよ。
凹　だから、まれに福祉現場で犬を飼っているところもあるんだろうね。
凸　これからの時代、動物を活用した福祉や、「動物福祉」の意識も高まってくる。
凹　ぜんぜん違うけど、ロボットは？
凸　ロボットによる介護とか、ロボットのペットは増えるだろうね。
凹　じゃあ、死後の福祉は？
凸　献体・臓器提供という「死後ボランティア」とか、葬儀やお墓のあり方が問われているけど、いっそ死後や転生後の役割まで問われるんだろうかねえ。
凹　そこまでいくかどうかはともかく、宗教系の施設や大学はけっこう多いね。
凸　多様な価値観の世の中だけど、生きている意味をつかめている人は幸せだね。
凹　医療・福祉職なんて、実は人の幸せについてごく一部しか支援できないものだよなあ。
凸　それでも、利用者から人生や援助の仕方を学ぶこと、学べたことについてちゃんと利用者に感謝することだけでも、存在意義を少し実感してもらえるだろうね。
凹　自分もトシをとったら、次の世代へ受け継がせたいことを考えて生き抜きたいものだ。

★　**チェックポイント**

　誰かから必要とされていると思える人生を支援するには、実際にどう必要とされているか、具体的に指摘し、感謝することが必要。また、必要に応じて、住民どうしが知り合う機会を設けたり、新たな役割のある機会を設けていくことができると良い。

ある具体例から

　私は、中学以来ブランクのあった卓球を最近はよくやっている。球をころがしてネット下をくぐらす卓球バレーも含めると、小さな子どもから、車いす利用の方まで、かなり誰でもできる。子ども、障がい者、お年寄りの交流にもなれば、介護予防にもなる。障がいのある人が子どもに教えたり、子どもは球拾いのお手伝いをしている。卓球療法も広がりつつあるが、趣味を活かしての交流と健康づくりが、今あちこちで広がってきている。

★　演習課題

　自分が高齢者になる頃の福祉を展望してみる。それまでに、地域の助け合い関係をどのように発展させ、一人ひとりが顔見知りになれるようにすれば良いか考える。

ある具体例から

　子どもや労働者不足を補うために、外国人が増えるかもしれないが、すでにある地域ではかなり外国人が多くなっており、国際交流や英会話での相談技術が必要になっている。

　高齢者の大学（特に通信制）進学、医療・福祉職の定年退職者、福祉関連資格などが増え、住民の医療・福祉知識も大幅に向上すると思われる。10年前と比べてもこのような変化はすでに見られている。NPOの設立や自宅を使った福祉拠点などを、より一層推進していくと良いだろう。

7　母体組織内部利用論　～「自分も利用者」という発想～

あるワーカーの悩み

　生活のためには働かなければならないけれど、どうも業務をこなしているだけで、将来が見えない。このまま仕事に追われてトシをとっていくだけなのだろうか。

ある住民のホンネ

　あのワーカーは入りたての頃は元気だったのに、近ごろ表情が暗

第1章　まずは多忙な現場を見直す　〜地域と関わる前に〜

いわね。声もかけづらくなったわ。

凹　入った頃は、まあまあいい感じのところに就職できたと喜んでいたのになあ。社会人になり、「これでオトナになった」とか思ったものだ。

凸　企業のサラリーマンと比べると、給料は安いけど、毎日真夜中まで残業というほどではないし、熾烈な業績争いもないしね。

凹　隣の芝は青く見えちゃうんだよなあ。他の職場での苦労を経験していないから。

凸　組織のせいとか、上司のせいとか、後ろ向きのグチが多くなったら要注意だね。

凹　子どもの頃は、歌手になりたいとか、スポーツ選手になりたいとか、大それた夢を持っていたんだけど。

凸　21世紀は医療・福祉が注目される時代だよ。職場でオリジナリティある歌やスポーツをやればいいじゃないか。そのために今の苦労をしていると思えば？

凹　発想の転換が大事なわけだ。歌やスポーツのスペシャリストではないけれど、現場のことはよくわかっているからね。人と場の活用だけでなく、広報の仕方も含めて。

凸　もっとも、君の能力や性格で成功できるとは思えないけどね。

凹　一人でやろうとは思っていないよ。音楽と体育と医療の専門家の協力を得て、お年寄りが好きな歌に合わせた、症状別体操を開発するとか。で、本とビデオを売り出し、テレビにも出るのだ。

凸　歌とスポーツの夢をまとめてかなえようなんて、欲張りだなあ。でも、そういう夢があると、現場でどんな仕事を新たに試してみようとか、どういう知り合いを増やそうとか、日々の仕事の意味がわかってくるね。

凹　のせられやすいタチだから、とたんにウズウズしてきたぞ。

凸　いい意味で「自分も医療・福祉の利用者だ」という感覚で、現場に関わる人材や拠点をうまく活用し、自分の夢を探したり、実現に向けての努力ができるといいね。やる気のある態度が出てくると、上司からも利用者からも認められるようになるよ。

凹　マイナス思考だと、周りも不快になるしね。
凸　自分流のワザがあると、副業で稼いだり、定年後の仕事にもなるよ。
凹　いっそそのワザでＮＰＯを立ち上げ、独立しちゃうとか。

★　チェックポイント
　①現場で開発できそうな療法やレク、グッズ、研修方法などを考えてみる。
　②母体組織の人材、拠点、業務を活用する。外部の専門職の力を借りる。
　③自分自身も上手に現場を利用し、自分の将来にとって意義ある仕事にしていく。

> **ある具体例から**
> 　私は、趣味の音楽が高じて、福祉をテーマにしたオリジナル曲づくりをし、CD付きの本『音楽で福祉のまちづくり』を出したり、児童や、障がい者・高齢者施設利用者も出演するコンサートを企画したり、トーク＆コンサート方式の講演を各地で展開した。その活動を通じて音楽家とのつながりが増え、介護予防活動への参加協力を得た。これらは社協での実践経験があったからこそできたことである。

★　演習課題
　子どもの頃の夢を振り返り、実現不可能か考え直してみる。今の現場でできそうな夢を描いてみる（特に老後にやりたいことを考えてみる）。夢の実現に向け、どのような人脈を作り、キャリアを積み、業務をアレンジしていくか考える。

> **ある具体例から**
> 　私は小さい頃から地理がかなり好きだった。地域福祉の道に進むようになって、地理と福祉の関係の重要さをますます感じ、一つの市に長く関わった一方で、なるべく別の地域での実践にも関わるようにしている。転職した先では、すぐに地域の施設や団体との関係を作り、地域性をつかむようにしている。

8 裏団体活用論 ～職場だけに期待しない～

> **あるワーカーの悩み**
> 自分がやりたい地域支援をしたいと思っても、先輩からストップがかかったり、業務時間内に地域に出向く時間がなく、思うような仕事ができなくて悶々としている。
>
> **ある住民のホンネ**
> あのセンターは、地区社協や老人クラブとか、昔からある団体ばかりに目がいき、私たちのような、より活発にサロン活動とかしている自主的な会とは、ほとんど関係を持っていない。それどころか、行事の日程がブッキングするなど、足を引っ張られて、やる気が失せることさえある。

凸 小地域活動の支援をしていると、地域によって差があるから、「活発な地域ばかり支援するな」という住民や職員はいるなあ。

凹 「足の引っ張り屋」だね～。

凸 元気な地域ほど打てば響くから、もっと関わりたいのに。

凹 発展より公平が大事とか…。

凸 公平性を振りかざす役人っぽい人はどこにでもいるからね。批判に対して反論できなず、相手にいい顔ばかりしたがる上司もいるし。

凹 すっかり悟りを開いていますなあ。私怨がこもった皮肉にも聞こえるけど。

凸 アホは相手にせずでなく、なんとかとハサミは使いようという言葉もあるぞ。

凹 あ～あ、言っちゃった。それにしても、昔からある団体を上手に活用することも、せっかくがんばっている新しい団体とのおつきあいを深めることも、両方できればいいのにね。

凸 新たな団体とは、アフターファイブにおつきあいしておくと、いつかすごい力を発揮してくれることもあるから、つながりを持ち続けておくことは大事だね。

凹 業務時間内に、もっとどうにかできないものかなあ。

凸 職場に関係する団体をいろいろ作り、そこを活用することができる

かも。職員互助会、職員サークル、労働組合、利用者自治会、利用者サークル、家族会、ボランティアサークルとか。

凹　普段の業務ではできなくても、そのどれかの団体を通じて、直接か間接的に関わることはできるかも。それぞれ予算を持ってもらって、正当な「裏金」づくりができる。

凸　地区社協などの小地域活動も、直接の介入が難しければ、別組織を作ってもらって、もっと自由に活動してもらうとか。スタッフも対象者も、一定地域にこだわらなくていいから、活動の自由さがあるし。別組織が難しければ、下部組織や委員会でもいい。

凹　自分の職場も含めて、すでにある組織にだけ頼っていてはダメということだね。いっそ、職場での仕事は程々にして、自分の時間を使って、もっとおもしろい地域福祉を築いていこうかな。

凸　案外それが定年後の仕事になるかもよ。あるいは、その活動をネタに本を書いたり、講演すれば、いい副業になるね。

凹　あ、だんだん洗脳されかけている自分。

凸　いっそ、大学院に進学し、専門学校や大学の教員になってみては？

凹　少子化の時代に、わざわざそんなたいへんそうな職場には行かないよ〜。

★　チェックポイント

①職員互助会、職員サークル、労働組合、利用者自治会、利用者サークル、家族会、ボランティアサークルを活用（なければ作る）。
②福祉団体の活用については、必要があれば実働部隊として、委員会、下部組織、別組織のいずれかを作るようにする。

ある具体例から

委員会や講座への参加をきっかけに、自分たちで何か地域福祉活動をやりたいと思い始めたMさん。社協を退職して、障がい者の親と作業所を立ち上げたKさん。視察旅行をきっかけに介護予防の団体づくりを始めたSさん。

地域には社協のような活動をしている組織がいくつか生まれ、社

協はいずれとも上手につきあっている。まるで第二社協、第三社協というように。社協のワーカーＮさんは、自分の職場ではできないことをそれらの団体に声をかけて行っている。その結果、自分がやりたいと思っていることは、大きな予算が必要なものを除いては、ほとんどできているという。

★　演習課題

職員互助会、職員サークル、労働組合、利用者自治会、利用者サークル、家族会、ボランティアサークルには、実際にどのような活動を担ってもらえそうか考える。

ある具体例から

互助会は福祉厚生センター（ソウェルクラブ）に加入しているため、全国の福祉職との交流機会が持てる。労働組合では勉強会を開けるし、やはり他の組織との交流がある。家族会はボランティアサークルとともにバザーを主催し、自主財源をけっこう持っている。ボランティアサークルはいくつかあり、中にはある財団からの助成金を受けて介護予防の効果測定をきちんとやっている。

第2章　利用者中心の発想

　子どもやお年寄りだからこそできること、障がいがあって初めてできることがあります。人をどう活かすか、人から必要とされていると思える人生をどうバックアップするか、地域を舞台に利用者ができること、ソーシャルワーカーができることは何かを提示していきます。

1　利用者資源化論　～利用者だからこそできること～

あるワーカーの悩み
　地域で様々な活動をしていた方が「もうトシだから引退する」と言っている。地域での役割がなくなって、心身両面の具合が悪くなってしまわないか心配。

ある住民のホンネ
　地域での活動に「もう引退する」と言ったら、皆に引き止められ、嬉しいことではあるが、実際もう体力、気力も尽きた。後進にもがんばってもらいたいし、引き際が肝心だ。

事例1　あるデイサービス

　どこにでもあるような、あるデイサービス。要介護の方が日に十数名おいでになる。

　Aさんは以前から詩吟をやっており、そのデイサービスの詩吟クラブもAさんの発案。ボランティアの講師もAさんが紹介してくれた。行事の際には、Aさんは率先してみんなの前で詩吟を披露してくれる。リーダーボラ、講師紹介ボラ、芸能ボラだ。

　Bさんは小物づくりが得意。月に一度、小物づくりを利用者や職員に教えてくれる。季節ごとの作品はしばらくの間、デイの玄関を華やかに彩っている。年に一度の作品展には素敵な集団作品が出品される。講師ボラ、レクボラ、飾りボラだ。

　AさんもBさんも、歩行介助が必要な方や認知症の方の見守りもして

くれる。職員に「あの人、席を立とうとしているよ」「自分でトイレから出てきたよ」など伝えてくれる。見学者へのお誘いの言葉がけや説明、新しい利用者への言葉がけなどもしてくれる。見守りボラ、見学受入ボラ、新規利用者受入ボラだ。

　Cさんは少し耳が遠い。近くの小学校はCさんの母校。福祉教育の一環で生徒が施設を訪れたり、逆に学校へ招かれることも。Cさんは子どもが自己紹介をすると「もうちょっと大きな声で」と言う。ホントは聴こえているのに「お年寄りは耳が遠いもんだ」ということを教えてくれる。昔の小学校の様子を話してくれる。帰り際には一人ひとりの手をとって「ありがとう、またよろしくね」と言う。コミュニケーション指導ボラ、語り部ボラ、スキンシップボラだ。

　3人については、特に初めから特技や人脈が把握できていた訳ではない。施設に馴染むうちに、少しずつ自分を出してきたのである。

事例2　福祉教育ボランティアのTさん

　Tさんは、子どもの頃は虚弱児施設に入所、若かりし頃は精神科の病院に入院、在宅の頃は知的障がい者施設でボランティア、年配になって食事サービスのボランティア、そして今はデイサービス、ホームヘルプサービス、日常生活自立支援事業、高齢者向けアパート、生活保護の利用者。

　大学にはゲストスピーカーということで、学生へサービス利用者やボランティア活動の体験談を話してくれる。ご自宅へ、社会福祉士養成校の実習生を連れていく場合「10人でもどうぞ」と言ってくれる。

　Tさんの場合、講師ボランティアを意識して担っている。学生が良いソーシャルワーカーになってほしいと切実に願っている。「利用者から学ぶ福祉」を体現するTさんは、まさに当事者にしかできない活動・運動をしている。

凸　この2つの事例は、いずれも利用者が社会資源となっている例を紹
　　介してみたよ。

凹 「あっ、そういえば」というものから「これはスゴイ、あなどれない」というものまであるね。「灯台もと暗し」のよう。

凸 そう、社会資源は足元にもあるし、足元の資源こそ存分に活用するといいんだよね。

凹 自分や同僚や利用者、そしてその家族。う〜ん、活かしきれていないなあ。

凸 利用者を資源ととらえることは、利用者の人生を尊び、自己実現を目指し、「人から必要とされている」と実感できる暮らしをプロデュースすることさ。

凹 お〜、プロデューサー、なんかカッコいいね。相手から教わる姿勢を持ったり、本人も未知の能力をうまく引き出せるといいね。

凸 デイサービスの事例は、ケアプランか通所介護計画を立てる前のアセスメントで、利用者の特技や人脈、性格をつかむことが大事。訪問したら、庭や屋内、家の周辺をそれとなく観察したり、家族と会うことで、生活歴の意外な情報を集めることができるかも。

凹 いざ訪問したら、緊張しちゃって何をつかむべきか忘れちゃいそう。ちゃんと、記録様式があればできそうだけど。

凸 いっそ自分で様式を作ってみれば？ 次の項に載せた様式は、部分的に参考になるかも。

★　チェックポイント

　利用者の能力や人脈に着目して、すでにどのような社会資源となっているか、これからどのような役割を発揮できそうか考える。

★　演習課題

　利用者でないとできないこと、利用者だからこそできることを考え、表に書き込む。自分が保育所や学童保育を利用していた頃を振り返ったり、身内で福祉サービスを利用している人を思い浮かべて考えてみるのも良いだろう。

	子ども	障がい者・要介護者	その他
他の利用者に対して			
職員に対して			
経営者に対して			
実習生に対して			
学校の生徒に対して			
地域住民に対して			
社会全体に対して			

2　自分流人生計画策定論　～生涯青春プランでより良い人生を～

あるワーカーの悩み
　ケアプランをつくる時、サロン活動や公的なサービスにつなげることだけに目がいきがち。
　そもそも利用者が地域でどんな役割をしてきていて、これからどんな役割ができそうなのか、サロン活動やデイサービスの中ではどんな役割を発揮できそうか、ということまで考えることが難しい。マニュアルか記録・計画様式があると良いが。

ある住民のホンネ
　職員さんは、いろいろサービスを勧めるんだけど、私のことどれだけわかっているのかしら。あまり人の世話にはなりたくないんだけど。でも、熱心にすすめてくれるから、少しくらいおつきあいしなきゃ悪いかしら。

凸　デイサービスの利用者で、確かに家族や職員に気兼ねして、楽しん

でいるフリをしている人っているんだよね。
凹　だまされている職員は少なくなさそう。
凸　あと、「家に一人でいるよりはマシ」という人も。もう人生あきらめてしまっている感じ。
凹　「もしも若かったら何をしたいか」、「生まれ変わったら、どんな人生を歩みたいか」、「模範としたい高齢者は」など尋ねてみたいね。
凸　ケアプランって、マイナス面をどうケアするかとか、せいぜい周りに迷惑がかからない程度の生きがいづくりしか考えていないことが多いからなあ。
凹　ホンネを封印している演技派高齢者が増えているわけだ。本人の幸せから遠い「福祉モドキ」だね。う〜ん、なんか歌ができそう。
凸　中島みゆきの「ノスタルジア」って歌に「皮の鞄のケースワーカー、くれるなら愛をちょうだい」とあるけど、ワーカー自身ができることにはもちろん限界がある。
凹　うわ、昭和60年頃の曲だ。
凸　昔から専門職の限界はわかってはいる。けれど、だからこそ、家族、友人、住民、お店、施設、学校、その他あらゆる社会資源を使いまくり、お互いの幸せを追求できるといいよね。
凹　まずは、封印されたホンネを引き出そう！
凸　先に、自分が「もしもトシをとったらば」と想像してみることや、「障がいがあるからこそできること」を考えてみることも大事だよ。
凹　確かに「人ごと」みたいな感覚じゃあダメだよね。
凸　そもそも、ケースワークやケアマネジメントのような個別支援に、コミュニティワークがうまく取り入れられていないのは、計画・記録・評価の様式にも問題があるんだ。コミュニティワークを意識した様式があれば、どのワーカーも何を把握し、どう支援すれば良いかが多少はわかる。
凹　マニュアル人間が増えちゃったからねえ。自分も指示されないと動けない方だけど。
凸　もっとも、ただでさえ書類に忙殺される現場で、今以上に記録を書

かなければいけないなんてムリ。
凹　記録ばかりで利用者ほっぱらかしとか、ありがち〜。
凸　そこで、個別支援で使用している様式とだぶらず（二度手間にならず）、最低限必要なことのみの計画・記録・評価を、たった1枚でシンプルかつコンパクトに書けるような枠組みを考えてみたよ（表3-1）。
凹　おもしろそうだけど、どう書き込んだらいいのかピンとこない。
凸　記入例も挙げてみたよ（表3-2）。「支え合いマップ」の部分は書き込んでいないけどね。木原孝久が広めている住民支え合いマップについて参照してみて。
凹　でも上の人って、よく「個別のプランや記録をきちんと」とか「効果測定をやるように」なんて言うけど、実際面倒くさいんだよなあ。
凸　自分なりに楽チンな記録様式を考えてみればいいと思うよ。
凹　では、マルつけるだけで済むような様式を考えようかなっと。
凸　それもいいね。とにかく計画・記録・評価は専門性を高めるためには大事だけど、効率のいい仕事も必要だからね。誰にでもできる仕事で給料が低いか、専門性の高い仕事で給料が高いか…。
凹　鶏が先か、タマゴが先かみたいな話しだね。
凸　職場や社会で認められるのは容易じゃないよなあ。まずはモデルケースだけでもいいからやってみてよ。
凹　じゃあ、まずは自分の老後をモデルケースにしようっと。

★　**チェックポイント**
　①尋ね方を工夫して、利用者の本音・夢を聴き出す。昔からのつながり、孫・ひ孫との関係など、その人なりの社会資源を聴き出す。
　②支え合いマップづくりの手法を身につけておく。
　③「自分流人生計画」様式を参考に、自分なりの計画・記録・評価様式を考え、活用していく。
★　**演習課題**
　①自分の老後を想像して、自分流人生計画を考えてみる。

②身近な要介護者にインタビューし、自分流人生計画を立ててみる。

表3-1　自分流人生計画（生涯青春プラン）と記録票

氏名	記入者	年　　月　　日
思い出に残る「感動したこと」	その体験を再びするには?	対応や評価
若ければやってみたいこと	今後それをするには?	
家族や社会に残したいこと	残す方法は?	
やりたい趣味	継続や挑戦の方法は?	
	趣味を社会に活かすには?	
人に教えられる特技は?(いくらで教えたいか?)		
家や庭で人と交流できるスペース、貸出や寄付できる物は?		
身内や友人で特技や専門知識がある人は?(紹介できる人)		
できそうな仕事、やってみたい仕事は? a. 子供の躾　b. 子供の一時預かり　c. 講師　d. 実習生受入 e. モニター　f. 株　g. 野菜販売　h. その他(　　　　)		
自分を中心とした「地域支え合いマップ」		
マップから見えてきた改善策(自分中心地域福祉活動計画)		

表 3-2　自分流人生計画（生涯青春プラン）と記録票の記入例

氏名　　福祉　太郎	記入者　　長渕　晃二	2006年 6月 12日
思い出に残る「感動したこと」 　カワセミを見て感動した。	その体験を再びするには？ 　車いすで行ける河原を探し交通手段を確保する。	対応や評価 本人から河原の情報を収集(6/29)。現地を含め交通手段を調査(7/1)。
若ければやってみたいこと 　漁師の頃に戻りたい。	今後それをするには？ 　釣りができるようにリハビリする。	通所リハ利用による　リハビリを長期目標とする。
家族や社会に残したいこと 　釣りのコツを伝えたい。	残す方法は？ 　実習生の聴き取りにより冊子づくりをする。	社会福祉士の　実習生に継続訪問を依頼(8月中)
やりたい趣味 　釣りのほかは自然・動植物の写真を見たい。	継続や挑戦の方法は？ 　図書館へ行き写真集を見る	地域での趣味サークルが組織化できれば、そこで対応してもらえるかも。
	趣味を社会に活かすには？ 　写真展見学ツアーを組む。	同上
人に教えられる特技は？（いくらで教えたいか？）	釣り以外は魚の調理方法。ボランティアでいい。	子供との料理交流会で釣りの道具を見せ、釣り方、料理を教えていただく。
家や庭で人と交流できるスペース、貸出や寄付できる物は？	釣りの道具を見せることくらい。	同上
身内や友人で特技や専門知識がある人は？（紹介できる人）	妻が園芸が得意。孫が薬学部の4年生。	薬草の栽培、効用、魚料理への活用など、家族で薬食同源の講師をしていただくよう提案していく。
できそうな仕事、やってみたい仕事は？ a.子供の躾　b.子供の一時預かり　c.講師　d.実習生受入 e.モニター　f.株　g.野菜販売　h.その他（　　　　）		実習生には継続して関わっていただく中で、実習終了後も趣味サークルに協力する人が出るかも。
自分を中心とした「地域支え合いマップ」 　（略）		Aさんや公民館、老人クラブと連携し、趣味サークルづくりを模索していく。
マップから見えてきた改善策（自分中心地域福祉活動計画） 　釣りや写真の高齢者サークルづくりを目指したツアー開催。 　友人のAさん宅をサロン（活動拠点）に認定。		

3 一利用者・一福祉活動計画策定論 ～一人ひとりが地域の主人公～

あるワーカーの悩み
　地域福祉計画とか地域福祉活動計画が策定されているけど、私が支援している利用者にとって、直接どんなメリットがあるのかがわからない。だから利用者も職員も福祉計画には関心がないみたい。

ある住民のホンネ
　地域ではすでに何気ない助け合い活動がいろいろ行われているけど、行政や施設はどうせそれを知らないわよね。わかるようにはやっていないから当然かも知れないけど。行政や施設の人をまるで知らないから、どんな関わりができるのかわからないし。

凹　前項の様式の中で、イマイチわからないところがある。「自分中心地域福祉活動計画」って何？　ジコチュー人間を作る計画？

凸　今までのケアプランや地域福祉活動計画の足りないところを補いたくて。一人ひとりが地域でどんな役割を担えるか、一人ひとりのためのサークルづくりがどうできるかを考えたいんだ。

凹　次の項でもふれられているけど、サークルを作るって、たいへんじゃない？

凸　たとえば、新たな支援ネットワークを作るということならたいへんだけど、今まで関わっていた趣味活動や地域活動や仕事に、どうすれば継続して参加できるか、自宅・病院・施設にいてもできることは何かということを考えるのは、けっこう現実的で大切なことだと思うんだ。

凹　サークルやネットワークを新たに作ることがあってもいいけど、せっかくの今までの関わりを続けたり、新たな形で復活したりということだね。

凸　要介護になったからもう引退ではなく、要介護でもできること、要介護だからこそできることを探したいんだ。自宅・病院・施設にいてもできることというのは、中にはもう人前に出たくないという人がいるから。

凹　別に「地域」じゃなくて、「病院」や「施設」の中であってもいいわけだ。

凸　というか、病院だって施設だって、地域社会の一員だと思うけどね。

凹　ある長期療養の医療施設で、老人クラブを結成している例はあって、連合会にも加盟しているけど、それは特殊な例だよね。

凸　もっと地域の団体が、入院・入所者に目を向けるといいんだけど。

凹　これからはインターネットを使える高齢者・障がい者が間違いなく増えるから、世界の中でどう活躍できるかっていうことでもいいよね？

凸　寝たきりでも、ネットを使って儲ける高齢者は出てくるから、狭い地域だけにこだわる必要はないね。それに、自然災害時には、遠くの人の協力も大事だしね。

凹　「一人のために世界はあるの」って感じ。

凸　身近な地域や家族も大事だし、遠い国の人だって同じ人間だから。まあ、それにしても地域福祉活動計画の中に「一人ひとりに応じた個別の福祉活動計画づくりの推進」っていうプランも入るといいね。

凹　未来を見通せるワーカーになれるとかっこいいな。

凸　もっとも、すごい利用者・家族もいて、自分の将来を考えて、必要な資源を作り出している。こういう方には、あえて支援計画はいらないかも。逆に、いろいろ教わるべきだろうね。

★　**チェックポイント**
①より個別支援を意識した福祉活動計画づくりを考えていく。
②そのために、地域福祉計画、地域福祉活動計画の内容も見直していく。

★　**演習課題**
すでに多くの社会資源を上手に活用している利用者・家族をさがし、活用のノウハウを学ぶとともに、ワーカーによる支援の必要性について学ぶ。

4　一利用者・一支援団体組織化論　〜一人に一つの支援サークルを〜

あるワーカーの悩み
　前々項のプランづくりにもあったけど、いっそ利用者一人について、一つのボランティアサークルがあれば、もっとその人らしい豊かな人生になるのにと思う。良い目標があると、介護予防やリハビリへのやる気が出るだろうに。

ある住民のホンネ
　ふるさとのお墓に、年に一度は行きたいものだ。懐かしい人や風景に接すると元気になれるし。でも自分一人では行けないし、誰かを頼むにもお金がかかりそうなので、もうとっくに諦めてはいるけれど。

凸　上の「ワーカーの悩み」に「ボランティアサークル」とあるけど、ちょっと仰々しい感じがする。もっと自然なおつきあいから広がればいいと思うなあ。

凹　ずいぶん前から、見守りネットワークづくりとか、地域での支援システムづくりってことが言われてきたけど、自分がトシを取ったら、見張られているようでイヤだな。

凸　援助する側・される側が分かれている旧来のやり方だね。それはそれで必要な人はいるんだろうけれど、ただ人に迷惑をかけずに生き長らえるだけでいいのかどうか。

凹　ふるさとに行きたいっていうのは、回想法にもなるし大事だよね。県人会を作り、要介護の人にも入ってもらい、障がい者旅行専門の旅行社に支援してもらいながら、年1回の旅行をできるといいね。

凸　同じ趣味の人どうしの会でもいいと思うよ。

凹　同世代どうし、障がいのある人もそうでない人も、一緒にアウトドアを楽しむサークルもいいなあ。

凸　君は相変わらず合コンのようなノリが好きだねえ。

凹　要介護で釣り好きな人が、四万十川の方に住む要介護者の家にホームステイするっていうのはどう？　まちおこしにもなったりして。

凸　自宅で音楽会というのもステキだと思うな。何人かの家でサークルを作り、会場は持ち回り。おひねり程度で安く来てくれる音楽家をお招きして。これは似たような話を聞いたことがあるよ。

凹　音大生でもいいよね。聴いてくれて、モニター役になってくれる人たちがいる場だから、案外喜んで演奏しに来たりして。

凸　音大の教員かサークルとの連携ができるといいね。

凹　「ムリでしょ」って、諦めている人もいるけど、実際におもしろい活動はあちこちに生まれているわけだ。活動そのものがリハビリになりそうだし、活動にもっと楽しく参加するために、リハビリの意欲もわいてくるだろう。

凸　「予算がない」とか「危険だ」、「人手がない」なんて言う施設職員や経営者がいるけど、工夫の仕方を知らないというより、利用者の幸せより自分を守りたいというのが本音かも。

凹　ブロイラーの養鶏場みたいな施設だね。

凸　それで満足させられている利用者を、少しでもなくしていきたいものだ。

凹　普段の暮らしの困りごとを手助けするだけでなく、自己実現とか、より文化的な暮らしを追求できるといいね。

凸　そのためには当然ワーカーだけではやりきれない。すでにあるサークルを活用したり、新たなサークルを作るなど、住民をうまく巻き込んだり、つないだりする技術が必要だ。

凹　地域支援は専門家だけでやろうとしちゃダメだよね〜。

凸　利用者がすでに持っている人脈（知り合い）をうまく活用できるといいね。家でお友達としている井戸端会議の延長でもいいんだから。

凹　利用者一人ひとりに合ったサークルづくりかあ…。自分の老後を考えて、元気なうちから準備をしておこうかな。

凸　それも介護予防かもね。お互いが楽しめるサークルができるといいね。

★ **チェックポイント**

利用者の願いを上手に引き出し、利用者の持つつきあいや人脈を尊重し、場合によって地域や大学の既存の趣味サークルの協力も得たり、新たなサークルを作り、利用者の自己実現を目指す。

★ **演習課題**

地域にあるボランティアサークルの結成のきっかけを調べてみる。中には、ある一人の障がい者が言い出して作られたものもあるだろう。それぞれのサークルがどのように作られたか調べてみよう。

第3章　出向く支援＆包括的な支援　～問題・資源把握のために～

> 問題をつかむ方法は、様々な方法がありますが、ここでは特に現場でやってほしい方法・工夫を紹介したいと思います。

1　勧誘ボランティア活用論　～利用者のお誘い力を活かす～

あるワーカーの悩み
ある地区の介護予防サロンは、お友達をよく誘ってくれる人がいるから参加者が多いし、盛り上がり方もいい感じ。でも、隣町は誘い役がいないこともあり、まったく違う雰囲気だ。

ある住民のホンネ
初めは行くつもりなんて全然なかったけど、あの人に熱心に誘われて行ったら、案外おもしろいので、ずっと行っており、さらに他のお友達も誘ってみたわ。あの人は男の人を誘うのもうまいのよね。

凹　自分で考えて動くより、誘われるままについていってしまうことが多いなあ。たとえトイレでも。

凸　そこまで主体性がないのはどうかと思うけど、実際に地域では熱心な世話焼きさんがいて、まわりも「あの人の頼みなら聞いてあげよう」「あの人のお誘いなら行ってみよう」ということがあるなあ。

凹　人を意のままに操れるボスのようだね。

凸　ちょっと違うなあ。「親身」という言葉があるけど、まさに親のような人なんだ。

凹　そういう人にはちょっとなれそうにないけど。

凸　いや、アンタにはそこまで期待していないから。というか、ワーカーは地域の世話焼きさんを探し出し、信頼関係を作り、どんどん協力をお願いしていけばいいんだ。

凹　でもどうやって探すの？　ウチの職場には知っていそうな職員はいないけど。

凸　もちろん地域の人に「世話焼きさんタイプの人って誰かいません

か」って聞いてもいいけど、もしかしたら今いる利用者・参加者やボランティアの中にすでにいるんじゃない？「今度の納涼祭にご来場いただける人はいないでしょうか？」など率直に一人ひとりに当たってみては？「教えていただければこちらからチラシを届けに行きますよ」と言うなど、相手の負担にならないような配慮をすればいいと思うよ。

凹　なるほど、個別にあたることが大事みたいだね。

凸　「あなたを見込んで」という姿勢が大切。みんなに対して「誰か紹介を」と呼びかけたって、あまり出てこないだろうし。

凹　ちょっと似ているのは、高校時代、ホームルームで先生から「○○からボランティア依頼がきているけど、誰か行く人は～？」と言われても、誰も手をあげなかったけど、自分に対して「君ならこの役割を担えるよ。やってみては？」とうまく乗せられると、単純にすぐその気になった。

凸　いま来ている人が、どういう経歴や人脈を持っているかをつかんでおくと、もっと具体的な頼み方ができる。学校の先生や公民館の講師ならもちろんだし、以前に、自治会長や老人クラブ会長、PTA会長なんかをやっていた人も当然いいね。

凹　新聞屋さん、生命保険のセールス、宗教活動している人も案外いいかも。

凸　いろんな職業や活動が考えられるね。もっとも、やっぱり社交的な性格で交友関係が広い人というのがポイントだけどね。

凹　お誘いしてくれた人には、「勧誘ボランティアしてくれてありがとう」と、ちゃんと感謝する必要があるね。うまく活かせると、ワーカーの仕事も良い意味でラクになるし。

★　チェックポイント

　地域住民や利用者の中で、社交的な人や、地域や仕事でいろいろな活動をしていた人がいれば上手に活用する。

★ 演習課題

勧誘ボランティアをしてくれそうな人は、他に、どのような職業や活動をしていた人が考えられるか、挙げてみましょう。

2 まず恩を買う介入論 ～借りを作ってお返し機会を～

あるワーカーの悩み
引きこもりがちな人がいる。食事サービスや介護予防サロンなど勧めてみても、ほっといてくれと言われる。収入もあまりないようなので、おつきあいにかかる費用を抑えないと暮らしていけないということもありそう。
ある住民のホンネ
家の中は汚いから人にあがってほしくないし、どこかの集まりに行っても、嫁のグチばかり言う人、自慢話ばかり言う人、宗教の勧誘がしつこい人がいていやだ。

凹　学校の活用のところでは、恩をまず先に売るということだったけど、今度は逆？

凸　ここで述べるのは、社会資源の活用ではなく、利用者への援助（介入）方法だからね。

凹　引きこもりがちな方への支援ってたいへんそう。

凸　ウチのおばあちゃんもそうだったよ。ひとり暮らしで要介護だった。だいたいお金がないから交際費を削るしかなく、おつきあいは減るよね。

凹　貧困はいつの時代も福祉の基本問題だね。

凸　部屋の荷物もやたら多いから、人を家に入れたがらないし。

凹　もったいないから捨てられないのと、体が思うように動かず整理ができないんだろうね。

凸　自分の孫や近所の子との関係はけっこう良いんだよなあ。

凹　孤立無援ではなく、どこかしらとつながってはいるんだね。

凸　お寺との関係は深かったね。つながっているところを通じて支援の

糸口はあるものさ。
凹　何もワーカーは直接支援ばかりでなくても、間接支援だっていいんだよね。
凸　そろそろ本題に入るけど、恩をまず買うっていうのは、「何か支援しますよ」って言ったって、「はい、お願いします」なんて言う人は多くないからこそ大事なんだ。
凹　いまだに「お上の世話にはなりたくない」って感覚の人はいるからね。まだ権利意識が行き渡っていないね。私みたいに遠慮を知らないのも困りものだけど。
凸　よく古切手整理のボランティアがあるけど、ウチのおばあちゃんは切手収集の趣味があったから、もし「ボランティアたちはどの切手に価値があるかわからないので教えてください」とか言われたら、きっと喜んで教えてあげたただろうし、切手の趣味の会を通じて、いらない切手を集めたり、直接売ることだってできたかも。
凹　そうやって「ボランティアとして」って感じで、上手に連れ出すことができればしめたものだね。役割があるのがいい。
凸　その活動に参加してもらうことだけで、もう介護予防や安否確認、生きがいづくりになるからね。
凹　世話になっている意識なく、援助されているわけだ。うまくはめられたって感じ。
凸　それに、「いつもお世話になっていますので、○○サロンに一度お招きしたいんですが」とかお誘いしやすくなる。
凹　参加者どうしで誘いあうことだってありそう。
凸　そうそう、そういうグループの力を上手に引き出すことも大事だね。

★　チェックポイント
　①利用者の社会関係をつかみ、間接的な援助を。特に、おそらく恩を感じているだろう人が誰なのかがわかると良い。
　②利用者の趣味や人脈をつかみ、まず援助を受けてもらう機会を作る。
　③利用者に「援助されている」と思わせない方法で接する。

④援助を受けてもらった後に、サービスを紹介する。この時、ワーカーによる勧誘のほか、他の住民による勧誘も導き出せると良い。

★ 演習課題

デイサービスや介護予防サロンなどの参加者の中で、最初引きこもりがちで、参加に至るまで時間がかかった人がいたら、どのような方法や理由で参加していただけるようになったか調べてみる。

3　段階的利用促進論　～利用に対する心理的抵抗感を軽くする～

あるワーカーの悩み
せっかくあちこちにデイサービスができてきたのに、定員に満たないところが多く、閉鎖するところもある。もったいないことだ。
ある住民のホンネ
介護が必要になったからといって、すぐにデイサービスに行くなんていや。知らない人の輪に入るなんてストレスだわ。

凹　デイサービスを見学した男性が、内心思っていることでありがちなのは「あんな幼稚園みたいなことはやりたくない」、「みんなで遊んでいるくらいなら、家でやることはいろいろある」、「ヒマな時間が多く、おしゃべりするにも話題がない」ということだよね。

凸　大人だからなかなか本音を口に出さないけどね。会社の重役をしていたような人から見れば、確かにバカバカしいんだろうね。でも、利用者から「私も最初はそうだった」とか「1年でこんなに効果があがった」と勧誘されると、少し気持ちが動くみたい。

凹　さあ、抵抗なく利用につながる方法を教えておくれ。

凸　まあ、いくつか例を挙げるけど、最初はある複合施設について。公民館が入っているから、住民みんなになじみがある。それに老人福祉センターもあるので、地域の高齢者はよく行く。その中にデイサービスがあって、レクやイベントを一緒にやることもある。

凹　分かれていないと、自然に入れるかも。でも「私もついにあっちの部屋に行くようになってしまった」とか思わないかな。

凸 雰囲気づくりやリハビリ効果など、デイサービス職員の力量に左右されるだろうね。だって、中にはリハビリ効果によって要介護ではなくなり、デイの利用が終了になる人もいるわけだから。

凹 行ったり来たりが増えるといいね。でもデイが気に入って「もう通えないなんてイヤだ」という人もいるだろうね。そういう人は10割負担かボランティアだ。

凸 次の例は、介護予防サロンと特養の連携。ある特養が、地域のサロンに週1回有料で食事を届けている。相談員も来て、一緒にレクやおしゃべりをしたり、たまに施設と合同のイベントもする。サロンからデイへ、デイからショートへ、ショートから特養へというルートを辿る人もいる。心理的な抵抗感は少ないだろうね。

凹 恐るべし、特養の営業活動だね。

凸 いや、そうじゃなくて、これも重度の人もそうでない人も分け隔てなく交流できるようにという事業だよ。サロンは地区社協がやっているから、特養と社協の連携というわけ。

凹 キャリアアップや昇進みたいにとらえた方がいいかな。

凸 重度の人のほうが偉いということか。経営者からすると上客ということなのかねえ。複雑な気がする。

凹 それとも要介護5が大将、4が大佐、3が大尉…。私の親はまだ二等兵。

凸 アホな話は無視してまとめると、地域支援と施設通所・入所サービスは連携する必要があるということ。段階的な利用を考えると、心理的抵抗感が少なくてすむということさ。

★ チェックポイント

初めて福祉サービスを利用する人の心理的抵抗感をなるべく少なくするため、あるいは自立によって援助が終了した人へのフォローとして、地域支援との連携方法を考えていく必要がある。

★ 演習課題

施設を拠点とした地域活動や、施設が地域拠点に出向いてのサービス、

複合施設における連携など、市内や各地の実践を調べ、自分が働く施設・機関で何ができそうか考えてみる。

4　地域関係把握・継続活用論　～人間関係をうまくつかんで活用～

あるワーカーの悩み
ある利用者とボランティアが親戚だったり、また利用者と実習生が隣近所だったということなど、地域関係を知らないばかりに、恥をかいたり、秘密保持の面で失敗したことがある。この前、スーパーで利用者と会ったので、立ち話ししたら、その利用者は後で近所の人から「どういう関係の人なの」と聞かれて困ったということもあった。

ある住民のホンネ
あの施設で働いている人は、みんなヨソの地域から働きに来ている人だから、ちょっと見ていて不安。でも、どれほど立ち入っていいのかわからないので、遠慮しているところ。尋ねてくれれば、いろいろ教えるのに。

凹　支え合いマップの手法って、地域の助け合い関係を地図に書き込むわけだから、ちょっとソシオメトリーに似ているね。

凸　でも、誰と誰はウマがあわないってことまでは書かないよ。

凹　恐ろしいけど知りたい。というか知らないと何か失敗をしでかしそう。

凸　それを図に書き込むなんてムリでしょ。せいぜいデイサービスの利用者間の関係を記録化することができるくらい。でも、それだって問題ありだと思うな。

凹　犬猿の仲の人どうしは、同じ曜日にならないようにとか、隣の席にならないように、などの配慮は実際にどこでもしているだろうけれど。

凸　自治会長と老人クラブの会長の仲が悪いという場合は、調整や根回しがたいへんそう。知らないと手痛い失敗をするかもね。

凹　ここでは逆に良い方の関係を活用する話を紹介するんでしょ。

凸　ああ、忘れていた。良い方というか、誰が誰に恩があるとか、誰と誰が親戚とか、誰と誰が子どもの頃からの親友ということを知りたいね。一目置かれている人とか、由緒ある家柄の名士とか、大地主とか、地域の陰のボスも知りたい。

凹　それを知っているとお誘いもしやすいね。でも悪用しないようにしないとなあ。

凸　地域支援のむずかしさって、地域の人はとっくにお互いの人間関係を知っているけど、ワーカーはそれを最初はまるで知らないってところだよなあ。

凹　世話焼きさんとか、人のウワサ話大好き人間がいてくれると、貴重な情報源になるね。

凸　いろんな失敗経験があるけど、イヤな過去なので、ふせておきたい。

凹　じゃあ、今度酒を飲んだ時にでも聴かせてもらおう。

凸　とにかく、地域関係をできるだけつかみ、その関係を上手に活用し、より良い関係になるような関わりをしていくことだね。

凹　失敗談をまとめて書くと案外売れるんじゃない？

★　チェックポイント

　職員で地域の人間関係について情報を持っている人がいると良いが、いなければ地域の情報を持っている協力者をつかみ、どの件は誰に対して働きかければ、理解や参加協力が得られるかを尋ねられると良い。

★　演習課題

　どのような情報源、地域関係を知っておくと良いか項目を挙げ、情報源一覧表、地域関係一覧表を作る。可能ならば、時間をかけて書き込みをし、担当が替わっても引き継げるようにしていく。

5　孫・ひ孫把握・活用論　～意外な足元の資源～

> あるワーカーの悩み
> 　利用者で、よく孫の話をする人がいる。いつも聞き流してしまっていたけれど、もしかしたら何かお手伝いいただけないだろうか。

訪問した時に、一度だけあいさつしたことがあって、優しそうな感じの人だった。

ある住民のホンネ
　デイサービスを利用しているあのおばあちゃんは、孫が看護の学校へ行っているみたい。今は勉強が忙しそうで、地域に関わるヒマはまるでなさそうだけど、夏休みとかお手伝いできる時はあるかも。でも、若い人はどこで何の勉強や仕事をしているのかよくわからず、地域で手伝ってもらえていないことがもったいない。

凹　私の母は長女で、小さい頃ずいぶん祖母にせっかんされたらしい。今で言う児童虐待だ。でも母の弟（つまり長男）や妹（次女）は逆にずいぶんかわいがられたらしい。

凸　上の子が厳しく育てられるというのはありがち。だからよく長女より次女の方が優しく介護しているというウワサを聞く。

凹　でも厳しい祖母だったなんて想像もつかないほど、孫の私にとってはいいおばあちゃん。いろいろ連れていってもらったり、教えてもらったよ。

凸　案外、祖父母の思いは、一代飛び越えて孫に継承されることもあるからね。

凹　介護福祉士の学校で、動機を聞くと、祖父母のことがよく出てくる。優しい孫たちだなあと思うね。ほれちゃうね。

凸　これからの時代、孫やひ孫の役割には注目すべきだよ。ただ、一人っ子の場合、4人の祖父母がいるわけだから、そう多くは期待できないけどね。

凹　デイサービスでも、孫が薬学部で勉強しているとか、体育学科だとか、パソコンの会社で働いているなどよく聞かされるよ。地域で役立ちそうな人材ばかり。ただ、住まいが遠い場合があり、それがネックだ。

凸　遠くても、ネットを通じて情報提供してもらえることや、ホームページづくりしてもらえたりなど、気持ちさえあればできることはあるでしょう。

凹　いっそ孫とひ孫をボランティア登録してもらおうか。
凸　孫についてほめられると、おじいちゃんおばあちゃんは喜ぶからね。孫の側も、言われないと何が手伝えるかなんてわからないし。
凹　ワーカーは祖父母と孫のつなぎ役だね。
凸　世代間交流のコーディネーターとも言える。文化の継承、福祉教育など、いろいろ効果があるね。
凹　祖父母の介護予防意欲、リハビリ意欲もあがるんじゃない？

★　チェックポイント

　孫、ひ孫は意外と身近な社会資源。うまく活用し、ほめることで、祖父母も孫・ひ孫も嬉しいし、新たな関係ができる。

★　演習課題

　サービス利用者の孫、ひ孫一覧を作成するため、つきあいの深さや特技など、把握したい項目を挙げてみる。次に、可能ならば実際に利用者から聴き取りをしてみる。

第4章　社会資源の把握・活用の極意

　第1〜3章でも社会資源の探し方や活かし方を述べてきました（例えば小中高校、孫・ひ孫など）。ここでは、大学、老人クラブ、ボランティアセンター、地区社協、イベント、講座、そして地域商店に絞って、ユニークな活用のノウハウを紹介・提案します。

　いずれも実際に各地の社協や施設、大学で筆者自身が実践してきた例を交えていますが、どれもやっていてたいへんおもしろいものでした。そして応用可能なものばかりではと思っています。

1　大学等活用論　〜まさに宝庫の教育機関〜

あるワーカーの悩み
近所にある大学にはどんな先生がいて、施設・設備があるんだろう？　実習に来る学生の大学には、他にどんな学科があるんだろう？　私の出身大学には、もうお世話になった先生はほとんどいないけど、今どうなっているんだろう？　もし、地域での活動にご協力いただければありがたいが、どう接点を持てばいいかわからない。
ある住民のホンネ
週に2回、異なる施設に通っているけど、片方は若い大学生がよくボランティアか何かで来ていて、一生懸命やっている様子を見ると、こちらも若返るよう。でも、もう片方の施設はぜんぜんそういう受け入れはないみたい。

凹　もう若くはないね。卒業してから10年たつから、今どきの大学のことはわかんない。

凸　少子化で学生集めがたいへんなだけに、地域に根ざした大学づくりが進んできているよ。たとえば大学ボランティアセンターを開設するところもあるし、地域との共同研究、コンサルテーションを通じて関係が深まっている。

凹　高校生や住民が大学で学べる機会も増えているらしいけど、昔はあ

んなに頻繁にオープンキャンパスや公開講座はなかったなあ。

凸　ホームページを通じて、どんな教員がいるか、どんなサークルがあるかもわかるようになってきたね。

凹　理系の大学に手話サークルがあったりすると、世の中変わったなあと思う。手話をもっと勉強しておけば、今ごろ若い学生にモテたかも。

凸　カリキュラムをみると、福祉○○学とかボランティア論など、ほとんどの大学にあるしね。現場職員が非常勤講師として副業できる先が増えたわけだ。そういえば、就職先の企業だって、福祉関連の商品やサービスを扱うところが増えてきたからなあ。

凹　卒論や修論の内容に福祉が含まれているという学生も増えただろうね。つまり、学生に「論文のための調査をしてみたら」とかそそのかして、本来現場でやりたい調査とかその集計作業をちゃっかりタダでお願いできちゃうね。

凸　3年生が実習やインターンシップで来たら、しっかりつかまえておいて、いい人材はアルバイトで雇ったり、4年生の時の卒論前に再び来てもらうといいと思う。

凹　つかんだら離さないわよって感じ。

凸　ある施設では、冬の畑の土おこしや雪かきを、大学の運動部にお願いしている。すごいパワーで感心してしまう。彼らには筋トレになるし、利用者との交流になっていいよ。利用者があたたかい豚汁やおしるこを作ってくれるから、学生も喜んでいる。

凹　中学や高校の運動部でもいいかもね。

凸　リハビリやスポーツ、栄養などの研究者と、施設や老人クラブが連携し、実践の効果を測定をしている例もあるよ。

凹　研究者にとってはタダで定点観測の研究フィールドが確保できるし、施設や老人クラブもタダで専門家に効果測定をしてもらえるね。

凸　研究者側が、大学か財団などの研究助成を得てくれると、トレーニング備品や測定器械まで手に入ることだってあるよ。

凹　本が出て、有名になって、視察がじゃんじゃん来て、視察謝礼で儲かるかな。

凸 いい学生が就職してくれたり、継続してボランティアに来てくれることだって考えられる。
凹 でも、どうやったら大学や専門学校、中学高校の教員やサークルと知り合えるかな？
凸 実習とか研究会・学会のほかに、貴重なのは文化祭だね。
凹 そしたら秋は文化祭めぐりのシーズンだね。楽しそうな仕事だ。
凸 仕事なんだから、大学ボランティアセンターやボランティアサークルとはきっちり顔つなぎをしといてね。
凹 音楽サークルともつながっておくよ。施設にボランティアで演奏に来てほしいから。
凸 とにかくどこかしらとつながっておくと、そこからさらに広がる可能性があるからね。存分に活用するといいよ。

★ チェックポイント
次の部分で大学などの機関とどうつながりを持てるか考える。
①教員（研究室）との連携
②実習教育との連携
③卒論・修論・博士論文との連携
④部活動・サークル活動との連携
⑤学内ボランティアセンターとの連携

★ 演習課題
専門職の場合：近くの大学・専門学校・中学高校には、どのような教員・専門コースがあり、サークルや委員会があるか把握し、連携の可能性を検討する。
大学生の場合：近くの福祉関係機関・施設を調べ、自分の学校との今までの関わりを調べ、今後、授業・研究・課外活動などでどう連携できそうか考える。

2　老人クラブ活用論　～地元人材とそのつながり～

あるワーカーの悩み
地域支援の本には「地元の老人クラブと連携を」と書いてあるけど、いったいどこへお願いに行けばいいのか、何をお願いできるのかがわからない。

ある住民のホンネ
最近、老人クラブは介護予防とかボランティアの活動をするようになったけど、たまに「地域なんとかセンター」がやっている活動と同じ日だったりする。バラバラにやっていて、もったいない。競いあっているのかしら。

凹　老人クラブって、そもそもどんな活動をしているんだろう？　まずネットで調べてみようっと。

凸　えっ？　そんなことも知らずに「どこへ行き、何をお願いしたいかわからない」なんて…。ネットももちろん大事だけど、すでに老人クラブとつながりがある同僚を探すことも大事だよ。あと、行政か社協が、老人クラブ連合会の事務局を担っている場合が多いから、いろいろ尋ねてみては？

凹　いろいろかあ…。まずはクラブ内に、例えばゲートボールとか、ほかにはどんな趣味サークルがあって、いつどこで何人で行われているか知りたいな。ちょっと活動をアレンジすれば、介護予防活動になりそうだし。

凸　今やっている活動だって、長期間にわたって効果測定すれば、案外健康づくり、介護予防につながっていると思うよ。

凹　それがデータで明らかになると、本人も喜ぶだろうし、老人クラブ全体も「会員になると若返る」と宣伝できるね。

凸　「老人クラブには美男美女が多い」とウワサがたつと、入会する人は増えそう。

凹　90歳の男性から見れば、70歳の女性は若いギャルだからなあ。

凸　リーダーが積極的な人だと連携しやすい。新たな会員が入ってきて

いるところは、活気がありそう。
凹　クラブには「連携や共催をすると、クラブのPRにもなり、新たな会員が増えるかも」とお誘いしてみようかな。
凸　中には、補助金などにより、意外と予算をたくさん持っているクラブもあるから、こちら側に予算がなくても、タイアップの活動をおこせるかもね。
凹　お互い上手に活用しあえるといいね。
凸　こちらは、場、情報、講師、広報を担えるかな。
凹　クラブ側は動員力もありそう。口コミの力もあなどれないかも。
凸　地元の有力者も入っているだろうからね。もっとも、地域にもよるけど、高齢者のクラブ加入率は意外と低いので、入っていない高齢者へも配慮が必要。
凹　施設入所されている方や要介護の方も受け入れるクラブだといいんだけどね。
凸　老人クラブのほかにも、シルバー人材センター、老人大学同窓会、年金者組合、企業退職者会、高齢者趣味サークルなどの高齢者団体があるので、某市のように高齢者団体連絡会があると、連携が取りやすいんだけど。
凹　調べなきゃいけないことは多いねえ。各団体、お互い仲良くやっているのかしら。
凸　高齢者団体どうしは案外お互いの活動を知らないから、行政や社協と連携しながら、うまくつなげられるといいね。複数の団体に入っている人がキーパーソンかな。施設利用者でも、かつていろいろな団体に関わっていたという人もいるから、人脈や情報は「灯台もと暗し」の場合があるよ。

★　チェックポイント
　市町村の老人クラブ連合会、および都道府県・全国の連合会の活動、地域の各種の高齢者団体について、ホームページや行政・社協を通じて調べる。

地域にいくつの老人クラブがあるか、それぞれのエリア、人数、活動、予算、リーダーについても情報をつかんでおく。

お互いどのような役割を担い合えるか考えておく。

★　演習課題

老人クラブの福祉的な活動や研修について把握するとともに、既存の活動のうち、介護予防や三世代交流につながりそうな活動、共催・連携できそうな活動について、アイデアを考える。

3　ボランティアセンター活用論　～PR効果も含めて～

あるワーカーの悩み

施設が増えてボランティアの需要が増えているからか、パートで働ける施設が増えているからか、あるいは高齢化が進んで若い人が減っているからか、最近ボランティアがまるで集まらず困っている。

ある住民のホンネ

ボランティアセンターに登録しても、その後何もお声がかからない。センターの機関紙にはいろいろな活動が紹介されているけれど、自分から連絡してみるという初めの一歩が踏み出せない。

凹　ボランティアセンターって、社協にあるんだよね？

凸　市町村によっては、役所も非営利活動の担当を置いているところもある。小地域活動を行っている地区社協などが地区ボランティアコーナーを設けている場合もあるし。最近では、大学や企業（郵便局を含む）、施設がボランティアセンターなんかを置いている場合もあるよ。

凹　そういうボラセンって、どこもボランティアやりたい人・している人が個人登録や団体登録をしていて、施設・団体・個人からの依頼に対し、需給調整しているの？

凸　そういうシステムではないところもある。幅広くやっているところは、広報、講座、行事などを活発に行っているところもあるし。

凹　やる気があればおもしろそう。

凸　施設が増えて活動先が分散し、福祉分野以外の活動先も増えている

から、ボランティア人口は増えているのかもしれないけど、最近ちっとも人が集まらない。だからアイデアや工夫が必要だ。
凹　ボランティアはモテモテだね。
凸　ファミリーサポートセンターなど有償でできる活動も出てきているから、取り合い状態かも。既存の活動にあてはめていくだけでは逃げられることもある。
凹　逃げられたくないわあ〜。
凸　一人ひとりに合った活動、各団体に合った活動を作り出せると良いんだよ。
凹　逆に言えば、ボランティアセンターには埋もれてしまっている人材もいそうだね。発掘作業が必要かも。
凸　施設や機関の側から、どんどんセンターを活用していかないと、ますます人材は埋もれてしまうから、たとえ思うように人が集まらなくても、情報や要望は伝えていかないとね。共催の講座や行事もやれるとなお良いね（詳しくは後述の5、6に）。
凹　いっそ、道行く人に「ボランティアしませんか？」って声かけようかな。
凸　君が言うと、間違いなくあやしい人だと思われるだろうね。それより、人がすでにいる場に出向くといいよ。学校や企業とか。
凹　ボランティアセンターには、学校から福祉教育への協力依頼がよくくるだろうから、施設が職員や利用者を講師として派遣してあげると良いかもね。
凸　確かに、顔つなぎができると入りやすい。
凹　こちらも女子高生と知り合えるし。
凸　施設の品位が下がるから、君が派遣されることはないだろう。

★　**チェックポイント**
・市区町村、都道府県社協のボランティアセンターについて把握しておく。
・社協以外に地域の中でボランティアセンターに類する活動をしてい

る団体・機関を把握しておく。
・それぞれどのように連携できるか、模索してみる。
★　演習課題
・所属する組織の中で、今までボランティアセンターとどのような関係を持ってきたか調べる。
・これからの連携方策やセンターに期待することについて話し合う。
・需給調整の方法として、既存の活動をボランティア希望者に紹介するだけではなく、ボランティアの能力・興味に応じた活動の場を新たに作るにはどのようにすれば良いか考える。

4　地区社協活用論　〜ここで認知される強みとは〜

　医療・福祉職にとって、地区社協は「なんとなく聞いたことはあるが詳しいことはよくわからない」という場合がほとんどであろう。しかし、地区社協は、機関・施設が地域と連携する上で、極めて重要な組織である。まずは、地区社協とは何か、簡潔に説明をしておきたい。

◇一言でいうと‥‥市区町村社協の小地域ごとの組織。市区町村によっては、これに類する組織がない場合もある。
◇エリア‥‥小学校区や自治会、旧町村、地区民生委員協議会エリア、町・大字ごとなど、市区町村により様々であるため、エリア人口も数百人から数万人と大きな違いがある。
◇名称‥‥地区社協のほか、支部社協、校区福祉委員会、地域福祉推進協議会、地区福祉協力員会など様々である。
◇組織‥‥市区町村社協の組織内に位置づけられている場合と、下部組織的な場合がある。役員会や活動部会（係や委員会）が置かれ、他に登録ボランティアがいる場合もある。
◇役員‥‥地域内の自治会、民生委員、老人クラブ、その他の地域団体、施設・学校などにより選出されている場合が多い。
◇参加‥‥すでに何かの地域活動・事業に参加している人だけで構成されていることもあれば、活動部会や登録ボランティアなどに誰でも参加できる地域もある。

◇任期‥‥委員という位置づけの地域は、1～3年の任期で、再任できるという場合が多い。自治会や民生委員など選出母体によっては、任期途中でも1年ごとや3年ごとに入れ替わる団体もある。民生委員は当て職の場合も多い。
◇職員‥‥市区町村社協職員が活動の推進に関わり、複数名の職員が地区担当制を敷いている社協や、地区拠点に非常勤などの職員を置いているところもある。
◇拠点‥‥特に専用の拠点を持たない場合も多いが、地域の公共施設を事務局・連絡先としているところや、まれに独自拠点を持っているところもある。
◇財源‥‥市区町村社協会計からの拠出が中心。他に、バザーなどの収益活動、事業によっては利用料・参加費、行政からの委託金・補助金がある場合がある。まれに財団などの助成金を活用して、モデル的な事業を行う地域もある。
◇機能‥‥連絡調整（役員会などを通じた地域内の福祉に関する連絡調整）、財源確保（社協会員会費集めや共同募金への協力）、組織化（地域に応じた助け合い活動）、啓発・情報提供（広報、懇談会、調査、研修・講座、啓発行事）、補完的事業（市区町村社協や行政からの依頼による事業）などのうち、いくつかの機能を持つ。
◇課題‥‥民生委員、老人クラブ、ボランティア団体、行政による介護予防教室や健康推進員活動などと活動が競合する地域もある。子育て支援の活動をしていないところは組織の高齢化が進んでいる。

あるワーカーの悩み
　月1回の介護予防教室を開こうとしたら、地区社協の人から「ウチでも似たようなことをやっているから必要ない」と言われた。そもそも地区社協というのは、どういう組織なのだろう。

ある住民のホンネ
　うちの地元にも地区社協という組織があるみたい。でも、もう何年か自宅を拠点に子育てサークルの活動をしているのに、何も接点はないから、今後も特に関わることはないと思う。

凹　地区社協の活動をしている人って、なんか長く地域に住んでいる人っていうイメージがある。後から入っても、やりたいような活動はできなさそう。

凸　組織や活動にもよるよ。なにしろたとえば役員会が、自治会やいろいろな団体から選出された人によって構成されていて、誰でも参加できる組織だとすると、越してきたばかりの人が活躍することだってあるだろうからね。

凹　でも、知らない人からすると「ナゾの組織」でしょ。せいぜい「募金を集める係」くらいに思われていたりして。

凸　そんなこと言ったら、君のいる施設だって「ナゾの建物」じゃない？地域にあるどこの会社や団体だって、関心のない人から見ればナゾだらけさ。

凹　確かに地域は意外とナゾだらけ。やっぱりお互い関心を持って、うまい具合に連携することが大事だね。

凸　う～ん、結論を先に言われてしまった。地区社協っていうのは、要するにお互いの連携のために結構大事な役割があると思うんだ。

凹　知り合う機会を設け、活動がだぶるなどのムダをなくすってことだね。

凸　そう。子育て中はPTA活動、子育てが一段落したら地区社協、歳をとったら老人クラブという具合にステップアップ（？）する人もいるけど、地区社協は付き合ってみると地域人材の宝庫、まさにかなめと言える。

凹　おそるべし地区社協。もしかしてこの本の中で一番大事なところ？

凸　かなり地域性のある組織ではあるけれど、ところによってはとても重要な組織だ。それに、福祉機関・施設のワーカーは意外と地区社協を知らないから、知れば知るほど連携が大事だと感じるんじゃないかな。すごい地区は、何カ年かの地区社協発展計画を作っているところさえあるよ。

凹　もっと教科書に載っていればいいのに。地域によって違うからかなあ。

凸　まあ、確かに説明しにくいけど、連携のメリットとか、可能性について挙げてみるね。

①地域の暮らしの問題や人材・団体・拠点をつかめる
②地区社協広報紙や口コミによる情報提供や意識啓発ができる
③講座や行事のタイアップができる
④地域の資源を活用した活性化や問題解決が図れる
⑤新たな地域活動を起こせる可能性がある

凹　老人クラブとの連携とほとんど一緒じゃん。
凸　かなり似ているね。それに、老人クラブも地区社協も、老人福祉分野だけではなく、児童福祉とか、他の分野での連携の可能性もあるし。
凹　ああ、もっと早く知っていれば…。わざわざ介護予防教室を企画しなくても、すでにある活動にあいのりさせてもらうだけで済んだかもなあ。
凸　こちらには、看護や栄養、レクに詳しい職員がいるから、お互い助かると思うよ。
凹　地域にもいろんな専門家がいるだろうなあ。美人のおねえさんはいるかな。
凸　地区社協の活動をしている人は年配の人が多いけれど、たとえばその娘さんで、化粧や音楽、パソコンほか、専門知識を通じて地域活動にちょっと協力してくれる人ならいるかも。仕事で忙しいだろうから、年に一度くらいかもしれないけど。
凹　ある地区が夜7時〜9時に介護予防教室を開いたら、家族連れでの参加もあったというけれど、夜なら若い人の協力も得られそうだね。
凸　送りオオカミにならないようにしてくれよ。
凹　大丈夫。地域との信頼関係をぶち壊さないようガマンするし。

★　チェックポイント
・市区町村社協を通じて地区社協などの活動とリーダーを把握。
・情報収集・提供、意識啓発、地域資源開発、その他、相互協力できる活動を模索する。

★　演習課題

　小地域の活動で、個人情報、住民感情、人間関係その他、気をつけるべき点を具体的に挙げてみる。

5　イベント活用論　～きっかけとしてのイベントからの展開を～

あるワーカーの悩み
年間を通じて、季節行事やら総会、職員全体研修など、いろんなイベントがあるけれど、毎年同じようなことを繰り返すばかりで、マンネリもいいところ。いくらイベントをやっても、地域支援の充実にはあまり関係ないって感じ。
ある住民のホンネ
民生委員をしているから、招待されていろいろなイベントに参加するけど、ほとんど毎年やることが一緒だし、儀式的なことも多くて退屈。予算の無駄遣いでは？

凹　まあ、確かに無駄なイベントもあるなあ。その場に参加している職員の１日分の人件費を考えると大きいし。イベントをなくし、その分ボーナスを増やしてほしい。

凸　「必要ない」とか「やり方を考えないと」と思っていても「どうせ今年だけ担当だから例年通りが面倒なくていいや」と問題が先送りされている。

凹　せっかくやるんだったら、うまく活用しないとね。それを言うのがこの本の目的だし。

凸　まず、多くの人が集まるんだから、人脈づくりの機会になる。宣伝のチャンスだ。やり方によってはお金も集まる。

凹　お金も？　「薄給の私に愛の手を」とか言って路上で立って募るの？

凸　イベントにもよるけれど、自主財源を作る方法は、広告料、出展料、参加費、寄付金、抽選券収入、販売収入などいろいろあるんだよ。企業は宣伝になりそうなら、資料提供、商品展示、講師派遣もしてくれるし。

凹　でも、「委託事業だから収益はあげられない」と言われたら？「収入があると困る」だなんてアホな話だけれど。

凸　イベントそのものを後援会主催とか実行委員会主催など、自主団体という位置づけにしておき、そこに収入をプールしておき、必要な備品などが出た場合に、物品寄付という形で受けたら？

凹　逆に、「地域を巡回するお座敷サロンバスがほしい」とか、明らかな目標があった方が、みんなモチベーションは上がるし、お金が集まるだろうね。

凸　課題を提起することにもなるしね。イベントはそういう意識啓発の場にもなりえる。

凹　どんなブースを開くかによって、福祉への理解は深まるかもね。

凸　あと、実験的な啓発機会を作ることも考えられる。「年間の事業計画には出ていないけど、試しにやってみたい」というものとか。

凹　ひとり暮らし高齢者向け結婚相談コーナーとか。客寄せに往年の俳優のポスターでも貼っておこうかな。

凸　イベントはまさに創意工夫の場、そして問題・資源把握の場になる。

凹　それにしても人集めはたいへん。「サクラ」になってくれるボランティアが多いといいんだけど。

凸　すでに人がいる場に出向くという考え方も大事。地域の大きな祭りなどに1ブース設けさせてもらうとか、人通りのある駅や商店街での展示やコンサート、学校や企業への出前イベントなど。

凹　イベントのデリバリーとはおもしろいねえ。

★　チェックポイント
・イベントは問題・資源把握やPR・意識啓発のチャンス。
・イベントは実験的な活動も取り入れて。
・目標（ウラの目標も含めて）を明確に。
・出向くイベントも考えてみる。

★　演習課題
・地域にはどのようなイベントがあるか、ネットで調べ、その中で活用・

連携できそうなものと、その方法について考えてみる。
・独自のイベントを開く場合に、どのような自主財源を確保することができるか、種類と方法を考えてみる。

6　講座活用論　～サークルづくりの常套手段～

あるワーカーの悩み
大学のサークルだと、4月の新入生勧誘の時期があるけれど、地域にはそういう時期や場がなかなかない。ボランティア確保の常套手段としては広報があるけれど、あまり反応はないし、連続講座をやって人集めするには時間も予算もない。

ある住民のホンネ
引っ越してきて、知り合いを多く作りたいから、何かボランティアしたいという気持ちはあるんだけど、一人で行く勇気はないし、どこへ行けばいいかもわからない。

凹　大きな大学のサークルって勧誘がすごいから「なんとなく誘われるままに入った」という人も多いけど、地域では「みんなで一緒に入りましょ」って機会がないねえ。

凸　社協や大きな法人だと、ボランティア講座とか手話講座など、何回かにわたる講座があって、それが終わった後に入会したり、同窓会ができたりするけど、小さい施設・機関だとなかなかできないよなあ。

凹　あきらめようか。

凸　いやいや、手はある。まずは他の法人との共催。施設連絡会とかが主催で。それも面倒なら、社協にお願いして、講座の一部をいただく。

凹　えっ？　いただけるの？　タダで？

凸　講座の一部に実習や見学を設けてもらい、各地の施設とかに少人数で行くというもの。子ども向けだと、夏の体験ボランティアがあるでしょ。あれとちょっと似ている感じ。もっと組織化の意図を明確にした企画にするといいんだ。

凹　やってみたことはあるの？

凸 ウチの法人、家族会、社協が共催し、役所が後援してくれた。これに、他の施設も実習先として加え、協力してもらったよ。あと、社協が「地域福祉講座」という基礎課程を開き、ウチの法人が「在宅介護講座」という専門課程を開いたことがある。

凹 職員に講師をしてもらうと、講師料がかからないからいいね。

凸 講座開催費はかからないとしても、人件費はかかっているけどね。

凹 ところで、人見知りする人がボランティアしたい場合、なかなか一歩を踏み出せないけど、どうすればいい？ いっそ、その人の所属する会社や学校でボランティア講座をやる？

凸 実際そういう出前の講座もやったことあるよ。その組織の都合に合わせられるし、会場の手配も広報の手間もかからないし。

凹 その講座の見学実習先に、ウチの施設を入れればいいのか。2人くらいずつ分けて、2回くらい来てもらえれば、少しずつ馴染みそう。

凸 確かに2回は行った方が慣れるし、入りやすいだろうね。講座の他の科目も、講義形式だけではなく、グループ作業やレク、グループディスカッションなどを取り入れておけば、受講者どうしも親しくなれるからね。

凹 受講後に新しいサークルができると、自主性ある活動が続いていくね。受講後に打ち上げパーティーをやると、もっと知り合えるし、サークルを作る雰囲気が盛り上がるかも。雰囲気づくりなら得意だ。

凸 ワーカーにはそういう宴会係が一人いた方がいいかもね。君のような人ばかりだと困るけど。

★ チェックポイント
・小さい組織でも、他と協力しあい、講座の共催を（受講者募集にもつながる）。
・出向く講座の開催を（これも受講者募集につながる）。
・受講後のパーティーからサークルづくりへ。

★ 演習課題
社協、行政、公民館、大学などの福祉・ボランティア関係講座の開催

状況を調べ、連携・共催できそうな講座を探してみる。

7　地域商店活用論　〜協力店構想を〜

あるワーカーの悩み
教科書には「地域の資源を活用して」と書いてあるけど、ウチの地域には公共施設や福祉施設がほとんどなくて、家とお店、工場しかない。ボランティア団体もないようだし、地域の資源がそもそも少ない。

ある住民のホンネ
あのセンターに関わりがあるのは、何か福祉サービスの利用が必要な人だけでしょう。ウチの店との関係はなさそうね。

凸　福祉職の人って、まじめだからか、あまりパブやスナックには行かないよね。

凹　お金もないしね。せいぜい居酒屋とカラオケボックスだ。

凸　お値段はお店によるよ。一次会、二次会と行くよりも、初めからスナックでねばっていた方が、かえって長く安く楽しめることもあるよ。

凹　なるほど、確かにそうかも。酔っ払うと足し算もできなくなるからなあ。

凸　私がよく行く店は、身体障がいや精神障がいのある人、海外から来た人、父子家庭、民生委員、施設職員、その他、伺ってみると福祉に関係する人が意外と多いんだ。

凹　お酒を飲まず、カラオケと軽食だけなら、なおさら安いかもなあ。

凸　そこのママさんは、むかし大きな老人ホームで働いていたんだけど、やっぱり自分の思うようなケアができず、お年寄りと障がいのある人、などと区別しないケアをしたいと、お店を開いたんだって。

凹　制度に基づく事業は、タテ割りになりがちだからね。

凸　お店は一人でやっているから、お客さんが多いと手が回らない。でも、お客さんどうし席を譲り合ったり、会話や歌を楽しんでいる。ママさんは、日曜日などの休日に、常連さんたちと山菜つみに行って、

それを翌日お客さんに振舞ったりすることもある。
凹　グループワーカーだねえ。カウンセラー役もやっているのでは？
凸　どこでもパブやスナックは、ママさんはカウンセラーみたいなもの。男は特にお酒が入らないとグチも言えない人がいるからなあ。
凹　私はいつでもグチのオンパレードさ。いつも酔っ払いみたいだと言われる。
凸　不満を溜め込まない人は案外幸せかも。それにしても日本はパブやスナック、バーの数だけカウンセリングルームがあるみたいなものだね。
凹　いっそ「福祉社交士」とか「酒場福祉カウンセラー」みたいな資格を作ったりして。
凸　他の企業やお店だって、福祉っぽい活動を無意識のうちにやっていたりするよ。塾や習い事なんて良い例だね。塾は空いている時間を使って、教室で何かできるかも。
凹　「塾ソーシャルワーカー」とか「発達障がい児余暇学習支援員」みたいな資格を作ろう！
凸　資格ではなくて、積極的に様々な人を受け入れているお店には、福祉協力店の認定制度を設けてみてもいいかもね。とにかく、まずは地域の企業やお店の福祉的活動を探すことが大事。なにしろ社員・店員が意識せずに貴重な対応をしていることも少なくないから。
凹　簡単なことでは、募金箱を置いてくれたり、ポスターを貼ってくれるところなら、けっこうあるだろうな。酔っ払い客はけっこう気前よく募金をしてくれそう。
凸　狭い意味での福祉だけでなく、環境に配慮しているとか、防犯・災害時支援を考えているなど、広くとらえて「いい店さがし・いい人さがし」ができるといいね。

★　チェックポイント
　①地域にある店や企業は、すでに何か社会に役立つ活動をしているという視点で「いい店さがし・いい人さがし」をする。

②特にパブやスナックは、交流拠点となっている場合が多いので注目する。
③すでに行われている活動について、意識化、活用、効果測定、後方支援などの関わりを模索してみる。

★ **演習課題**

　地域には、どのような店、企業があるかリストアップし、それぞれどのような福祉的活動を行っている可能性があるか挙げておく。所属組織のワーカーに少しでも関係している店、企業からインタビューをしていく。そこでつかめた人材や拠点が、他にどのような活動に関われるか考えてみる。

第5章　職場のレベルアップと地域からの評価

　この章では、地域支援に関わる専門性を高めるために、どのような計画、記録、評価をしていくと良いか、いくつかの提案をします。

　今までの章と比べて、ちょっとおカタい内容ですが、せっかくの仕事を組織的・継続的なものにし、職場の上司・同僚や地域の住民、行政・議会の評価を得ていくためにも大事な指摘をしています。

1　拠点別地域活動計画論　～地域ならではの計画を～
(1) 福祉活動計画とは

　「地域福祉計画」は、社会福祉法に基づき、自治体がその地域の数年間の福祉施策について具体的な目標を示す計画ですが、「地域福祉活動計画」とは、主として市町村社会福祉協議会（社協）が策定する任意の計画であり、ボランティアや当事者活動、社協事業などが盛り込まれています。

　しかし、地域福祉を進めていくには、市町村の全体的な計画だけでは不十分で、次項でも述べるように、組織ごとや個別の計画があるべきだと思います。

　私が以前から提唱している組織別の福祉活動計画（「法人福祉活動計画」ないし「施設福祉活動計画」）とは、一法人ないし一施設が、その施設や人材などを地域社会に活かすための具体的な指針や方策を示すことで、より地域に根ざし、専門性の高い施設運営を行い、それによって利用者の確保や利用者の満足を得ることを目的とするものです（他にも「学校福祉活動計画」を提唱していますが、ここでは取り上げていません）。

　なお、この計画の実施期間は、3～5年程度が妥当です。一つ一つの実施計画ごとに、どの年次に何を行うか明らかにすべきです。計画実施中であっても、制度や地域社会の状況の変化に応じ、柔軟に見直しをする必要があります。

(2) 計画策定の方法

　計画づくりは、理事者や職員のみで行うこともありますが、住民参加の委員会を設けるなど、策定過程を重視することで、住民の主体性をより一層引き出すことができます。また、今までの活動の評価を行い、今後の計画の方向性を考える上で、各種の調査や懇談会を行うことも考えられます。これらの過程を丁寧に行うことは、職員の意識啓発にもつながります。

　しかし、現実に多忙を極める業務の中で、「第一次計画は理事者や職員により策定する」という組織もあると思います。初めの一歩という意味では、全く計画がないよりは良いので、やむを得ないと思います。

　計画の「目的」や「実施計画」の内容については、以下に参考となり得る例示を試みました。

(3) 計画目的の例示
① 施設経営にとって
　地域に根ざした施設を目指すことで、施設のPR、理解・参加協力の促進を図ることができる。
　外部からの評価により、問題点の発見やアイデアの募集を行うことができる。内部にとっては、既存事業の見直しや効果の確認をすることができる。
② 利用者にとって
　余暇活動の充実や社会参加の機会を広げることができる。
③ 地域住民にとって
　ボランティア活動の機会、福祉教育の場となる。
　以上、「目的」はここでは3点に分けて提示したが、他にも④職員にとって、⑤利用者家族にとって、⑥周辺企業・大学にとって、⑦社協や他施設にとって、などの項目を立ててみることもできよう。

(4) 実施計画の例示
①各学校との福祉教育連絡会議の開催

今までの学校福祉教育への協力について見直し、施設側の方針を持つようにし、学校側と事前協議や効果測定のための連絡会を開催する。
②実習生受け入れ及び大学などとの連携の見直し
　保育士、訪問介護員、介護福祉士、社会福祉士、教員免許のための介護など、体験の実習生受け入れについて、実習後に施設でのボランティアや就職につながった例を調査したり、利用者個々人の意向を把握するなど、評価をした上で、受け入れ方法を検討する。
　実習生の調査活動や彼らが関わる事業については、実習生にある程度任すべきか、あるいは大学などと連携すべきかを検討し、効果的な実習受け入れを行う。
③施設ボランティアセンターの開設
　利用者や地域住民、地域団体などをボランティア登録し、情報提供、需給調整、交流・研修会を行う。
　実習生受け入れボランティアや学校福祉教育派遣ボランティアを募るとともに、利用者に対しては、住民と共に活動できる古切手整理や牛乳パックリサイクルなどの軽作業ボランティアの参加者を募る。
　住民、企業、大学などには、利用者に対する携帯電話やパソコンの使用方法の指導ボランティアなど、新たな活動の機会を作る。
④ボランティア講座の開催とボランティア団体の組織化
　施設で必要なボランティア活動について、連続講座を開催し、参加者の募集および研修を行う。
　開催方法は、（A）施設が単独で開講、（B）他の施設と共催、（C）社協と共催、（D）社協の講座の体験実習の一つに位置づけ、などが考えられる。
⑤利用者家族のための講習会と家族懇談会の開催
　利用者家族に施設運営について情報開示し、行事や財源確保などの参加協力を求める。家族会の組織化に向けて、講習会や懇談会を行う。
⑥地域行事への参加
　利用者の自己実現・社会参加や施設のPRのために、福祉まつりをはじめ、公民館や学校の文化祭、企業のイベントなどに利用者らが出展（可

能なら販売も）、出演する。出展・出演が難しくても、団体で鑑賞・観覧の機会を多くしていく。

⑦施設文化祭の開催

同様の目的に加え、施設の自主財源確保のために、バザーや福祉用具展示会（業者より出展料をいただく）を開催する。

⑧福祉の店（ないし協力店やカタログ）の開設

利用者作品の販売ないし利用者の就労の場としての店を、単独か他施設と合同で開設する。あるいは、販売協力店を増やす。他施設との合同カタログを作成し、冠婚葬祭や転居時の贈答品やイベント記念品としての販売促進を図る。

⑨会場・備品の貸出

地域との関係形成のために、会議室、グラウンド、テント、図書・ビデオなど、貸出可能な会場や備品について、対象や料金など規定を設ける。

⑩地域講習会への職員の派遣

地域との関係形成や施設のPRのために、地域の介護予防教室や学校の福祉教育に職員を講師として派遣する。

⑪ホームページの充実

施設のボランティア団体や家族会の情報も載せたホームページを、ボランティアや大学などの協力により作成する。

2　計画・記録・評価論　～効率よく専門性づくり～

ソーシャルワークなど対人援助サービスの専門性を高め、組織的・継続的な支援を行うには、計画・記録・評価が極めて重要です。

しかし、地域全体を対象とするコミュニティワークは、対象の大きさや支援の長さなどの理由もあり、ケースワークやケアマネジメントと比べると計画・記録・評価が難しいものです。

もっとも、コミュニティワークを細かく見てみると、中には個別支援計画のように計画・記録・評価が容易な対象もあります。

コミュニティワークの対象別の計画

大まかな分類	対象の詳細	計画	支援組織
地域全体の発展	市区町村内全体の福祉	地域福祉活動計画	社協
特定組織の発展	施設、学校、企業ほか	組織別福祉活動計画	主に社協
団体組織化	ボランティア,当事者団体,地区社協	団体別組織化計画	各事業所（※1）
団体継続支援	ボランティア,当事者団体,地区社協	団体別継続支援計画	各事業所（※1）
委員会等運営	継続的な委員会・連絡会など	会議別運営計画	各事業所（※2）
単発活動企画	調査,広報,行事,講座,懇談会等	事業別企画書	各事業所
サービス開発・改善	住民参加型サービス	事業別開発改善計画	各事業所
個別支援	サービス利用者ごと	個別活動計画（※3）	各事業所

※1　地区社協の支援組織は市区町村社協。
※2　連絡会は自主的なものもあるが、行政や社協が事務局を担っている例が多い。
※3　第2章3では「自分中心地域福祉活動計画」と表現している。

　地域全体の発展については、計画化は多くの市区町村で行われてきていますが、策定段階と実施段階の記録は十分には行われていません。

　特定組織の発展については、ふれあいのまちづくり事業の関係で、施設を拠点とした地域福祉活動の発展について計画的な活動支援が行われている場合はありますが、そもそもまだ意図的な支援があまり行われていない部分です。計画策定の支援のためには、表6-1のような様式を参考に記録・評価も併せて行えると良いでしょう。

　団体組織化、団体継続支援、委員会等運営、サービス開発・改善は、個別のファイルはあったとしても、ワーカーの意図や支援の内容がわかる記録が残されていない場合が多く、計画・評価も十分ではなく、改善すべき部分です。

　単発活動企画は、計画・評価の面ではある程度できている場合が多くても、やはりワーカーの意図や支援の内容がわかる記録が残されておらず課題と言えます。

　表6-2の様式は、団体組織化からサービス開発・改善までの5つの支援において活用できる様式であり、各組織は支援の実情に応じてアレンジしていただければと思います。

　表6-3は、小地域の計画づくりをする場合のメニューです。その中か

ら、住民自身のためになって、無理なく楽しくできるものを、住民に選んでもらって計画化できると良いでしょう。

表6-1　活動団体発展計画策定の支援計画および記録・評価様式

団体名			決裁	理事長	施設長	主任	担当
団体の概要			支援計画				
			事後評価				
	担当職員案	係の支援計画	会員の意見	確定した結果		策定後の評価	
委員構成							
策定日程							
会議方法							
広報啓発							
地域課題							
組織課題							
計画内容							
実施予定							

第5章　職場のレベルアップと地域からの評価

表6-2　計画・事後評価および支援記録の様式例

対象事業,団体名			連絡先	
前年度実績				

		課題と支援経緯	支援計画（年度当初）	事後評価（年度末）
基盤整備	組織体制			
	財源,会計			
	拠点,設備			
活動内容	問題把握			
	広報啓発			
	事業計画			
	事業実績			
	連携促進			
	記録評価			

月日	支援記録	支援の所感／備考

119

表6-3 地区計画のメニューの例示

		組織（人材確保,研修）	財政（財源確保）	拠点
地域診断	生活実態	支え合いマップ		井戸端サロンマップ
	地域環境	バリアフリーマップ 防犯防災マップ	スポンサー募集	
	福祉意識	会員調査	企業対象調査	
	社会資源	人材マップ		拠点マップ
意識化	広報	地区団体共同HP	地区情報誌(広告収入,販売収入)	PR拠点一覧
	講座	防犯防災、福祉教育、介護予防、子育て支援		学校・公民館・福祉施設との共同事業
	懇談会	ボラ懇談会	協力店・企業や地区団体との懇談会	
	行事	地区福祉のつどい	地区バザー	
組織化	連絡会	福祉関係者連絡会 防犯防災ボラ連絡会	財務担当連絡会	
	部会・委員会	子ども民生委員		
	活動団体	福祉スポーツ団体 福祉音楽団体	チャリティ活動	福祉文化活動拠点の把握・確ム
資源開発	既存資源の改善	活動・研修の共催促進	協力店・企業との共同活動	
	サービス開発	地区ボラセン 支え合い支援プラン	福祉のお店	地区拠点整備
	目的別計画	丁目別計画 活動別計画	財源確保計画	拠点整備計画

3 実践PR論 ～広報からわがまちの誇りへ～

　同じ実践をしていても、その効果をPRするかどうかで、住民や行政・議会からの評価はまるで違います。

　専門職は「自分は一生懸命実践しているから、周りが認めてくれないのはおかしい」と思う人もいます。しかし、その職員は他の職員の仕事を理解できていないのが通例です。

　地域支援に関わる仕事は、どの機関にしても後方支援的で、仕事のたいへんさの割には数字に表しにくいものです。そこで、あまりたいしたことがない活動だと思っても、さもユニークな活動が展開されていると見せるテクニックが必要です。また、PR手段としては特に、①報告書作成、②視聴覚教材作成、③マスコミ活用、の3つが重要です。

　第一に、事例をふんだんに入れた報告書をまとめるということです。

もちろん、せっかくまとめたものは研究会・学会で発表したり、会報などに投稿し、さらには教科書か専門書の中で一事例として分担執筆するなど、上手に活用して業績づくりにつなげると良いでしょう。

　第二に、動画やパワポなど視聴覚教材を作ることです。これは住民懇談会やボランティア講座、職員研修、実習生・求職者への説明、研究会・学会報告などで活用でき、行政へのPRや求人につながる場合もあります。ホームページづくりと併せて作成すれば一石二鳥です。

　第三に、マスコミの活用を図ります。地域ミニコミ紙やケーブルテレビはもちろんのこと、他のテレビ・ラジオ局、新聞、専門誌、ウェブに情報提供し、記事掲載・放映を求めていきます。特にテレビに出ると、視聴覚教材と同じ活用方法ができるので重要です。

　本やマスコミに出たり、視察に来る人が多いと、住民の活動家は自分たちの実践の必要性について再認識でき、資料をまとめる機会になり、誇りを持てるようになります。マスコミに出る際に、行政や議会を立てておくと、一目置いてくれるようになり、予算の交渉の役に立つ可能性があります。

　PR活動を充実させると、様々な情報や人脈が得られるというメリットがあります。「私は○○について協力できる」という人が現れたり、視察受け入れを通じて、座したまま各地の情報が得られます。また、「教えることは学ぶこと」と言われるように、自分の勉強にもなります。

　学べたことを活かし、新たな地域支援方法を開発・確立していくことで、立ち遅れが目立つ地域支援の分野を発展させることができます。一人ひとりの実践次第で、新たなやり方を作れる地域支援は、たいへんやりがいのある分野であると思います。

あとがき

　この本を手に取って頂き、本当にありがとうございました。

　地域づくりをテーマにした書籍の発行の構想から数年、地域包括ケアシステムの流れの中、診療報酬と介護報酬のダブル改定のこの良きタイミングに出版することができました。
　地域づくりをテーマにした書籍はいくつも世の中に出ていますが、本書は現代に即した福祉、介護・医療の要素を盛り込んだユニークな本に仕上がったと思います。

　少しでも読者の皆さまにとって地域づくりのヒントとなれば幸いです。

　皆さまの素敵な地域づくりをお祈り申し上げております！

　最後になりましたが、編著のご提案を頂いた長渕さんはじめ、片岡さん、そしてケースを担当下さった若手リーダーの皆さま。この場をお借りして御礼申し上げます。

2018年1月30日　上村　久子

著者等紹介

編 著

長渕 晃二（ながぶち こうじ）
明治学院大学大学院修了。社会福祉協議会、介護・保育系短大教員、福祉NPO（デイサービスとファミリーサポートセンターの施設長）、リハビリ系専門学校教員、保育園併設の介護事業所施設長、地域包括支援センター及び法人研修センター長を経て、現在NPO法人日本卓球療法協会理事長、東京学芸大学・昭和学院短大・湘南看護専門学校非常勤講師、各地の福祉施設・企業の顧問やスーパーバイザー。主著は『コミュニティワーカー実践物語』（筒井書房）、『音楽で福祉のまちづくり』（筒井書房）、『コミュニティワークを学ぶ』（久美出版）、『なごや発コミュニティワーカー実践事例集』（共著、久美出版）、『まちづくり無限大』（共著、相川書房）。

上村 久子（うえむら ひさこ）
東京医科歯科大学にて看護師・保健師免許を取得後、医療現場における人事制度の在り方に疑問を抱き、総合病院での勤務の傍ら慶應義塾大学大学院において花田光世教授のもと、人事組織論を研究。大学院在籍中に組織文化へ働きかける研修を発案。その後、医療系コンサルティング会社にて急性期病院を対象に診療内容を中心とした経営改善に従事しつつ、社内初の組織活性化研修を立ち上げる。2010年に心理相談員免許取得。2013年フリーランスとなる。医療系雑誌への連載は複数。著書は『社会医療法人の内部統制』（分担執筆、中央経済社）。

片岡 侑史（かたおか ゆうじ）
横浜市立大学医学部卒業。初期研修を藤沢湘南台病院で、後期研修を大船中央病院でそれぞれ修めたのち、藤沢湘南台病院総合診療科にて勤務。その間、2014年に特定非営利活動法人ココロまち理事となり、2016年

に株式会社F.T.K.の役員となる。2016年4月から藤沢本町ファミリークリニック副院長に就任。生き辛さを感じている人を支えるために、2018年6月「ココロまち診療所」を設立する予定。

分担執筆等（事例掲載順。紹介文は第1部の事例に記載）
秋山いつき　花里まどか　金田ゆうじ　菅原健介　柳下将徳　大内由美
大郷和成　原田和巳　藤村香菜子　野間康彰　川島勇我

表紙
　写真の一部に写真家・緑川大介の作品を使用
　表紙デザインは藤村香菜子

地域包括ケア時代の医療・福祉経営
「チイキ映え」する活動はいかが？

2018年3月31日 初版第1刷発行

編　著	長渕晃二・上村久子・片岡侑史
発行者	関谷一雄
発行所	ＩＡＰ出版
	〒531-0074　大阪市北区本庄東2丁目13番21号
	ＴＥＬ　０６（６４８５）２４０６
	ＦＡＸ　０６（６３７１）２３０３
印刷所	有限会社 扶桑印刷社

©2018 Printed in Japan
ISBN978－4－908863－02－8